Bernd Johannsson

Depressionen überwinden

Ein Betroffener erzählt: So helfen Sie als Angehöriger

16 Tipps für ein glückliches Leben

Dieses Buch widme ich den vielen Menschen, die mich während meiner dunkelsten Stunden unterstützt haben und mich zu der Person werden haben lassen, die ich heute bin.
(Bernd Johannsson)

Der Autor, Bernd Johannsson, ist Jahrgang 1978, Vater von zwei Kindern und Unternehmensberater in Wien. Vier schwerwiegende Depressionen haben ihm gezeigt, dass nicht nur er selbst, sondern vor allem auch das soziale Umfeld stark unter der Erkrankung leidet. Er erfreut sich seit mehr als zehn Jahren bester Gesundheit und möchte seine Erfahrungen mit diesem Buch weitergeben und vor allem Angehörigen zeigen, wie sie den Patienten erfolgreich durch diese schwere Zeit begleiten können, ohne dabei auf sich selbst zu vergessen.

Wenn Du durch die Hölle gehst, gehe einfach weiter!
Es ist der Weg raus.
(Unbekannt)

Inhalt

EINLEITUNG

Wenn Sie gerade mit dem Thema Depression konfrontiert sind, weil ein geliebter - Ihnen nahestehender - Mensch erkrankt ist, dann befinden Sie sich in einer unglaublich kräfteraubenden und schwierigen Phase Ihres Lebens.

Die Belastung einer derartigen Situation kann nur begreifen, wer sie selbst erlebt hat. So wie keiner eine Depression verstehen kann, wenn er noch nie eine hatte, so kann auch niemand den immensen Druck nachvollziehen, dem ein Angehöriger, Partner oder enger Freund eines Depressionspatienten ausgesetzt ist.

Umso wichtiger ist es, dass Sie sich Input und vor allem Hilfe holen. Sie haben mit dem Kauf dieses Buches bewiesen, dass Sie bereit sind, Hilfe anzunehmen und Lösungen zu suchen. Damit haben Sie gezeigt, dass Sie verstanden haben, dass Sie es mit einem äußerst komplexen Problem zu tun haben, welches man nicht mit einem Fingerschnippen löst. Und Sie haben auch eine Basis geschaffen, um mit Ihrer Herausforderung erfolgreich fertig zu werden. Den ersten Schritt haben Sie also bereits getan und das ist gut so!

Sie werden sich jetzt vielleicht berechtigterweise fragen, warum ich glaube, dass ich Ihnen helfen kann. Dazu möchte ich kurz ein wenig von mir erzählen: Im Alter von 21 Jahren hatte ich eine erste unerkannte, leichte Depression. Aus diesem Tief konnte ich mich noch selbst befreien, ohne dass mir bewusst war, dass ich eine Depression durchlebt hatte. Mit 26 kam es dann ganz dick. Ich hatte einen Zusammenbruch und musste ins Krankenhaus. Eine weitere depressive Episode hatte ich dann mit 29. Diese Episode war wieder etwas leichter und ich kam ohne stationären Klinikaufenthalt wieder in die Spur. Die bisher letzte depressive Phase hatte ich dann mit 31 und musste diesmal sogar ziemlich lange ins Krankenhaus. Diese Chance habe ich aber genutzt, habe mein Leben von Grund auf neu überdacht und war damit letztendlich erfolgreich.

Mittlerweile bin ich seit mehr als zehn Jahren gesund und ich bin mir sicher, dass ich das auch bleiben werde. Ich habe während meiner depressiven Episoden sehr viel gelernt und mich intensiv mit dieser Krankheit auseinandergesetzt. Heute bin ich stärker denn je, was mitunter aus meiner Erkrankung resultiert, und hierfür bin ich mittlerweile sogar dankbar.

Mir ist während all meinen depressiven Episoden auch immer mehr bewusst geworden, wie heftig meine Angehörigen unter meiner Erkrankung litten. Ich habe realisiert, dass es keine isolierte Krankheit ist, sondern eine, die das ganze Umfeld mitreißt. Eine Depression bringt alle Beteiligten, nicht nur den Erkrankten selbst, an die Grenze ihrer Leistungsfähigkeit. Ich habe dann vor einigen Jahren begonnen, Angehörige von depressiven Menschen zu unterstützen.

Wenn ich mit betroffenen Angehörigen über ihre eigenen Probleme (nicht primär über die Probleme des Patienten) spreche, fühlt sich das für sie zu Beginn meist seltsam an, denn eigentlich ist ja der Erkrankte in einem heftigen Tief und leidet.

Sich selbst vergessen die meisten Menschen während der Krankheitsphase eines Angehörigen völlig. Und genau da liegt das Problem: Viele, dem Betroffenen Nahestehende, fokussieren sich voll und ganz auf den Erkrankten und denken überhaupt nicht mehr an ihre eigenen Bedürfnisse. Und vor allem: Sie lassen Ihre eigenen Gefühle nicht zu und verdrängen diese. Solche Verhaltensweisen sind verständlich, allerdings kontraproduktiv, weil sie weder dem depressiven Menschen noch dem Hilfeleistenden etwas bringen. Finden Sie sich hier wieder? Wenn ja, dann ist es Zeit zu handeln.

Was ich immer wieder höre, sind Begriffe wie Hilflosigkeit oder Machtlosigkeit der Krankheit gegenüber. Diese Hilflosigkeit und Machtlosigkeit erzeugen bei Angehörigen oft eine totale emotionale Lähmung und sie können im Extremfall sogar dazu führen, dass auch Angehörige des Patienten – also Sie selbst (!) - in eine Depression oder zumindest in einen depressionsartigen Zustand rutschen. Das habe ich selbst in meinem eigenen Umfeld oder besser gesagt im Rahmen meiner eigenen Erkrankung erlebt.

Meine damalige Lebensgefährtin kümmerte sich während meiner depressiven Episoden aufopferungsvoll um mich, was wesentlich zur Gesundung beitrug. Allerdings fiel sie, während ich langsam wieder auf die Beine kam, ebenfalls in ein tiefes Loch und wurde (leicht) depressiv. Allein diese Tatsache zeigt schon, in welcher Ausnahmesituation Sie sich aktuell wahrscheinlich befinden und wie sehr Sie gefordert sind. Denn auch Sie sind nicht Superwoman oder Superman und unendlich belastbar.

Würde man eine optimale Betreuung während des Krankheitsverlaufes eines Depressionspatienten sicherstellen wollen, müsste in einer schweren depressiven Episode nicht nur dem Erkrankten geholfen werden, sondern in mindestens ebenso großem Ausmaß auch den Angehörigen oder Freunden (also Ihnen) eine professionelle Betreuung oder ein Coaching zugestanden werden.

Machen Sie sich daher auch bewusst, dass Sie die Krankheit Depression nicht allein mit ihrem geliebten Menschen bewältigen können. Für den Patienten ist eine ärztliche Abklärung und in der Folge eine geeignete Therapie unerlässlich. Dieses Buch kann und soll Ihnen aber helfen, produktiv und heilsam durch diese Zeit zu gehen und gestärkt aus Ihrer fordernden Situation wieder herauszukommen.

Denn auch wenn Sie die Krankheit nicht im Alleingang (mit dem Patienten) besiegen können, ist es möglich, dass Sie zur wichtigsten Stütze des Patienten auf dessen Weg zur Genesung werden. Das kann und muss ich als (ehemals) Betroffener unterstreichen.

Um dieses Ziel zu erreichen, ist es wichtig, dass Sie

- die Depression verstehen,
- dem Patienten eine wirkliche Stütze sein können
- und dabei nicht auf sich selbst vergessen.

Im heutigen Informationszeitalter wissen wir sehr viel über unterschiedlichste Erkrankungen. Wir werden von verschiedenen Medien mit Informationen versorgt und können über das Internet in kürzester Zeit zu den meisten Erkrankungen alles Mögliche herausfinden. Besonders bei rein körperlichen Gebrechen ist es sehr leicht alles über eine Krankheit – in einfachen und verständlichen Worten erklärt - zu erfahren. Eine Depression hat aber den Nachteil, dass sie ein sehr vielschichtiges und nicht einfach zu verstehendes Leiden ist. Zusätzlich dazu ist sie leider - in gewisser Weise - noch immer ein Tabu (wenn auch Gott sei Dank nicht mehr sehr stark ausgeprägt). Das ist auch der Grund, weshalb sich viele Angehörige von Betroffenen mit der Krankheit allein gelassen fühlen; besonders, wenn sie das erste Mal mit dem Thema konfrontiert sind.

Natürlich gibt es unheimlich viele Ratgeber und Broschüren, die vor Tipps nur so strotzen. Wir können im Internet eine Menge guter Ratschläge finden. Es gibt selbsternannte Gurus, die angeblich die Lösung für alle Probleme dieser Welt haben. Aufgrund meiner eigenen Erfahrungen ist mir aber aufgefallen, dass es nur sehr wenig brauchbare Literatur für Angehörige gibt. Viele Ratgeber sind von Menschen geschrieben, die selbst noch nie eine Depression hatten. Sie kennen all diese Dinge nur aus wissenschaftlichen Studien oder aus ihrem Literaturstudium.

Als ich dieses Buch schrieb, habe ich es mir zum Ziel gemacht, mit diesem Ratgeber diese Lücke zu schließen. Ich möchte Ihnen zeigen, was ein depressiver Mensch braucht, wie Sie helfen können und worauf Sie selbst achtgeben müssen. Als jemand, der mehrere depressive Episoden gut überstanden hat und sich in dieser Zeit intensiv mit sich selbst und seiner Umgebung beschäftigt hat, sowie als jemand, der in Folge viele Bekannte und deren Angehörige begleitet und dabei wichtige Erkenntnisse gewonnen hat, glaube ich, einen wertvollen Beitrag liefern zu können. Meine Tipps und Anleitungen können Ihnen sehr wahrscheinlich dabei helfen, einen Weg zu finden, wie Sie Ihren Angehörigen bestmöglich unterstützen können, ohne dass Sie selbst leiden oder sich kaputtmachen.

Ich weiß aus eigener Erfahrung, womit Sie und ihr Angehöriger kämpfen - was Sie bewegt, wie der tägliche Kampf zwischen Hoffnung und Verzweiflung aussieht, wie einen diese Achterbahn mitnimmt und manchmal die letzte Kraft raubt, wie sehr das ganze Leben darunter leidet und kein Raum mehr für irgendeine Form von Lebensfreude vorhanden ist. Ich möchte Ihnen mit diesem Buch eine Anleitung geben, wie Sie die jetzt vor Ihnen liegenden Herausforderungen erfolgreich bewältigen und aus Ihrer schwierigen Situation sogar ein Happy End machen können.

Seit meiner letzten depressiven Episode sind mittlerweile mehr als 10 Jahre vergangen. Dass ich bereits so lange ohne Beschwerden bin, hat den Hintergrund, dass ich mir Strategien erarbeitet habe, die ebenso einfach, wie wirksam sind. Dieses Wissen möchte ich an Sie weitergeben!

Eine Depression ist in jedem Fall eine riesige Herausforderung. Aber so wie jede andere Krankheit, kann auch eine Depression bestens in den Griff bekommen, wenn nicht sogar vollständig geheilt werden. Insofern können Sie beruhigt sein. Ihr Angehöriger wird aus dieser Situation herauskommen. Es kann eine Weile dauern, aber es werden sich bessere Zeiten einstellen. Das können Sie mir, als ehemaligem Depressionspatienten mit mehreren schweren depressiven Episoden, glauben.

DIE HÖLLE

Ich will meine Augen nicht aufmachen. Ich zittere am ganzen Körper. Eigentlich sollte es für mich schon Gewohnheit sein, denn schließlich ist es fast schon so vertraut wie der tägliche Gang ins Bad. Aber es wird wohl nie etwas sein, das man als normal empfindet. Es fühlt sich an, als würden meine zitternden Hände mit all meinen Ängsten in der Luft jonglieren. Ich kann nicht mehr. Ich will nicht mehr. Jeden Tag nur irgendwie durchstehen. Jeden Tag nur irgendwie überleben. Warten, dass er vergeht. Warten auf den Abend, der mir manchmal ein klein wenig Entlastung bringt. Ich möchte sterben. Ich möchte nicht mehr da sein. Wenn ich nicht wüsste, was ich meinen Eltern, meiner Schwester, meinen Großeltern und Freunden antun würde, ich täte es sofort. Erhängen tut nicht weh. Der Strick schnürt die Hauptschlagader ab und man wird ganz schnell bewusstlos. Oder einfach die richtigen Tabletten schlucken und es ist vorbei. Aber nicht mal diesen Ausweg habe ich, weil ich nicht möchte, dass sich meine Familie schlecht fühlt und ich ihr Leben zerstöre. Ich muss versuchen, mich irgendwie zusammenzureißen. Aber wie soll ich das machen? Je mehr ich versuche, an all diese Dinge nicht zu denken, desto stärker hämmert meine Angst auf mich ein. Wie soll ich das alles nur schaffen? Wie geht es weiter?

Ich bin noch nicht mal richtig wach und diese Gedanken quälen mich schon. Ich presse meine Augenlider zusammen und trotzdem spüre ich, wie das grelle Licht der Neonröhren meine Augenlider fast durchsticht. Und ich weiß ganz genau, dass jetzt bald die laute Stimme der Krankenschwester aufheulen und mir unmissverständlich bedeuten wird, dass ich aufwachen soll.

Es ist der Moment, vor dem ich mich bereits jeden Abend fürchte. Der Tag beginnt und mit ihm wieder ein ständiges Gedankenkreisen und das Chaos in meinem Kopf.

Wobei das nicht mal das Schlimmste ist. Am allerschlimmsten sind die Bedrohungen, die vor mir liegen. Ich weiß, ich sollte unbedingt meinen Chef anrufen. Das letzte Mal, als er von mir gehört hat, liegt sicher zwei Wochen zurück. Aber ich hatte einfach nicht die Kraft zu telefonieren. Obwohl es wahrscheinlich ohnehin egal ist. Er wird mich sowieso kündigen. Wer braucht schon einen Mitarbeiter, der so schwach ist, dass er wochenlang nicht mal mehr aus dem Bett steigen kann. Aber was zum Teufel mache ich dann? Dann bin ich am Boden. Wie lebt man denn ohne Geld? Ich schaffe es ja nicht einmal, mir einen Kakao zu machen. Um ehrlich zu sein, glaube ich, dass ich sowieso nicht in der Lage bin, einen herausfordernden Job zu machen. Vielleicht schaffe ich nicht einmal irgendeinen ganz einfachen Job. Ich bin einfach zu schwach und wahrscheinlich auch zu dumm. Und diese Erkenntnis ist wirklich schmerzhaft. Ich bin viel zu blöd für diese Welt. Ich hatte mal ein Bild von mir selbst, dass ich ein intelligenter und starker Mensch bin. Leider habe ich mich getäuscht. Ich habe mir eingeredet, dass ich ein cooler Typ bin. Die Wahrheit ist: Ich bin nichts davon. Einfach nur ein Mensch, der sein Leben nicht auf die Reihe bekommt. Loser ist das einzige Wort, das mir zu mir selbst einfällt.

Jetzt höre ich bereits zum dritten Mal diese Stimme auf mich herabregnen. „Bitte aufstehen“. Ich will ja. Ja, ich will verdammt nochmal. Aber ich habe einfach nur Angst. Ich zittere. Ich kann mich kaum konzentrieren und fürchte mich so sehr vor diesem Tag. Es wird wieder so ablaufen wie jeden Tag. Ich kämpfe mich zum Frühstück. Dann wird der Tag wieder ewig lange andauern und ich muss versuchen, endlich Lösungen zu suchen. Wie soll ich ohne Job weitermachen? Ich habe keine Ahnung. Es gibt doch genügend Menschen, die einfach tot umfallen. Warum kann ich nicht einfach eines Tages nicht mehr aufwachen? Warum kann es nicht einfach vorbei sein?

Susanne wird mich heute wieder besuchen. Beim letzten Mal hat sie nicht mal mehr zu mir zurückgesehen, als sie gegangen ist. Das macht sie normalerweise immer. Ich denke, sie war abweisender als sonst. Ich weiß, sie hält mich mittlerweile für schwach. Welche Frau will mit einem schwachen Mann zusammen sein? Gar keine. Ich denke, sie will mich jetzt nur deshalb nicht verlassen, weil ich so krank bin. Aber danach wird sie es durchziehen. Und ich kann es sowieso nicht verhindern. Außerdem hat sie zwei Mal so komisch auf ihr Handy gesehen. Es würde mich nicht wundern, wenn sie schon einen neuen Mann kennengelernt hat, der ihr mehr bieten kann. Oder zumindest jemand, der nicht so schwach ist wie ich.

Ich stehe jetzt auf. Sonst wird mich die Krankenschwester ohnehin nicht mehr in Ruhe lassen. Sie sagen dir, dass du am Tag wach sein sollst und nur in der Nacht schlafen sollst. Das verstehe ich ja. Aber bei dieser Müdigkeit ist das nicht leicht. Ich kann doch kaum meine Augen offenhalten.

Der Frühstücksbereich befindet sich am Ende des Flurs. Gute 15 Meter von meinem Zimmer entfernt. Es ist ein langer Flur. Um ehrlich zu sein, ist der Weg heute noch schwieriger als gestern. Mein Gang ist irgendwie auch so unsicher. Als würde sich der Boden bewegen. Kakao. Ich mache mir Kakao, obwohl es mich überfordert. Hatte ich immer drei Löffel Kakao oder vier? Egal. Ich werde vier Teelöffel nehmen.

Ich versuche das Frühstück so schnell wie möglich hinter mich zu bringen. Ich will schlafen. Wenn ich schlafe, muss ich wenigstens nicht nachdenken. Es gibt nur eine Sache, auf die ich mich freue. Wobei, freuen? Das ist ein viel zu starkes Wort für mein dumpfes Empfinden. Ich würde eher sagen, dass es mich entlastet. Also: Am Nachmittag werde ich auf dem Krankenhausgelände einen Spaziergang mit Claudia machen. Claudia ist ca. zehn Jahre älter als ich. Sie hat auch eine Depression und ist eine Mitpatientin hier auf der Station. Sie versteht mich ganz gut, weil es ihr genauso geht.

Endlich habe ich das Frühstück geschafft. Ich gehe langsam zurück in mein Zimmer. Und ehrlich gesagt: Es wäre mir am liebsten, ich würde nicht mehr auf dieser Welt sein. Jeden Tag kämpfe ich mich irgendwie durch die langen Stunden des Tages. Ich kann nichts und ich bin nichts. Und egal was ich tue, es geht schief. Kann mich denn niemand erlösen?

Ich lege meinen Block zur Seite und lege mich auf das Krankenhausbett. Vielleicht schaffe ich es, zu schlafen. Der Arzt sagt, ich soll tagsüber nicht schlafen. Das sei schlecht für die Depression. Aber zu mehr reicht meine Kraft nicht. Ich habe heute schon genug gemacht. Und ehrlich gesagt ist es mir egal, was er sagt. Dank der Tabletten habe ich halbwegs gut geschlafen. Aber das hat nicht gereicht. Und ich will mich nicht durch diesen Tag quälen. Jede Sekunde mit geschlossenen Augen ist eine Sekunde weniger leiden.

Diese Zeilen habe ich während einer sehr heftigen depressiven Episode geschrieben. Spüren Sie die Verzweiflung? Spüren Sie dieses Gefangensein in einer

Spirale von negativen Gedanken? Die Ängste? Das, was Sie jetzt gelesen haben, sind keine erfundenen literarischen Ergüsse, sondern die ganze Härte der Krankheit. Das ist exakt das, was ich zu diesem Zeitpunkt gefühlt habe. Ungeschminkt und ehrlich.

Welche von diesen Ängsten waren real und welche nicht? Die kurze Antwort lautet: Keine davon.

Zu diesem Zeitpunkt habe ich als rechte Hand eines Topmanagers gearbeitet. Mein Chef hielt große Stücke auf mich und hat unmissverständlich kommuniziert, dass er - trotz meiner Krankheit - hinter mir stand, egal wie lange ich brauchen würde, um wieder auf die Beine zu kommen. Bezüglich meines Arbeitsplatzes hatte ich also 100%ige Sicherheit und musste mich vor einer potenziellen Arbeitslosigkeit nicht fürchten. Und selbst wenn ich meinen Job verloren hätte, so wäre es aufgrund meiner Ausbildung und Kenntnisse nicht schwierig gewesen, einen neuen Job zu finden.

Und meine Partnerin hat mich so sehr geliebt, dass sie jede freie Minute bei mir im Krankenhaus war. Sie hat sich beinahe aufgeopfert für mich und alles getan, damit es mir wenigstens ein klein wenig besser ging. Beide Personen (meine Partnerin und mein Chef) haben mir klar gezeigt, dass sie bedingungslos hinter mir stehen. Sämtliche Wahrnehmungen waren beeinflusst von meiner Erschöpfung und meinen Ängsten und dadurch völlig verzerrt und selektiv.

Was Sie hier aber gut erkennen können, ist die intensive Beschäftigung eines Depressionspatienten mit sich selbst, die jegliches Wahrnehmen anderer Dinge vollkommen überdeckt. Und dadurch erklärt sich auch die vermeintliche Apathie und Interessenlosigkeit. Das permanente Gedankenkreisen minimiert also die Fähigkeit, die äußeren Einflüsse wahrzunehmen und in

Folge auch darauf zu reagieren.

Andererseits zeigen diese Zeilen von mir auch die unglaubliche Erschöpfung, Müdigkeit und Kraftlosigkeit, die diese Krankheit verursachen kann. Dies kann so weit führen, dass beispielsweise die Zubereitung eines Kakaos zu einer fast unüberwindlichen Hürde wird.

Wenn Sie also am Verhalten Ihres Angehörigen verzweifeln, dann machen Sie sich bewusst, dass er derart stark mit sich beschäftigt ist, dass er kaum in der Lage ist, sich voll auf seine Umgebung einzulassen. Dazu später aber mehr.

DIE DEPRESSION

WAS IST EINE DEPRESSION?

Eine Depression ist eine Krankheit. Ja, eine Krankheit. Das weiß doch heutzutage jeder, denken Sie vielleicht. Es gibt da nur ein ganz kleines Problem. Etwas zu wissen und etwas wirklich vollumfänglich zu verstehen, sind zwei verschiedene Paar Schuhe. Es ist nun mal so, dass alles was körperlich ersichtlich ist - wie z.B. ein Schnupfen (mit laufender Nase) oder ein gebrochenes Bein - als offensichtliche Einschränkung wahrgenommen und akzeptiert wird. Diesen körperlichen „Gebrechen“ wird meistens auch zugeschrieben, dass der Betroffene nichts dafürkann. Er ist also – im Auge des Betrachters - nicht selbst schuld an seinen gesundheitlichen Problemen. Bei einem depressiven Menschen ist vielleicht ein wenig Erschöpfung sichtbar, aber ansonsten ist er körperlich unbeeinträchtigt und das erweckt den Eindruck, dass der Mensch in seinem Handeln und Agieren nicht beschränkt ist. Und weshalb sollte man akzeptieren, dass jemand, der ja offensichtlich nicht beeinträchtigt ist, als erkrankter Mensch angesehen wird? Ich habe während meiner Krankheitsgeschichte immer wieder erlebt, dass Menschen zwar grundsätzlich anerkennen, dass die Depression eine Krankheit ist, aber einem Erkrankten letztlich trotzdem nicht zugestanden wird, ein Mensch zu sein, der aufgrund seiner Krankheit eben nicht problemlos „funktionieren“ kann. Menschen, die so empfinden, meinen das nicht boshaft. Oftmals laufen diese Gedanken unbewusst ab.

Und dann gibt es leider auch noch viele Menschen, die überzeugt sind, dass depressive Menschen sich nur „hängenlassen“ oder einfach schlecht drauf sind. Wenn ein Patient mit derartigen Ansichten konfrontiert wird, kann das ein ziemlicher Schlag ins Gesicht sein. Ich muss an dieser Stelle aber all jene ein wenig entschuldigen, die eine Depression in ihren Auswirkungen nicht verstehen und die Krankheit – ohne böse Absicht - verharmlosen. Denn auch ich war lange Zeit der Meinung, dass depressive Menschen einfach nur Menschen mit einem schwachen Willen sind oder sich emotional nicht im Griff haben. Die Krankheit Depression war für mich, vor meiner eigenen Erkrankung, einfach nicht greifbar. Natürlich war ich auch manchmal traurig, wenn es nicht so gut lief, aber ich konnte jederzeit lachen. Bis dann meine erste depressive Episode kam.

Aber nun zur Krankheit selbst. Wikipedia beschreibt die Depression folgendermaßen: „Die Depression (von lateinisch deprimere „niederdrücken“) ist eine psychische Störung. Typische Symptome einer Depression sind gedrückte Stimmung, Grübeln und ein verminderter Antrieb. Häufig gehen Freude und Lustempfinden, Selbstwertgefühl, Leistungsfähigkeit, Einfühlungsvermögen und das Interesse am Leben verloren. Lebensfreude und Lebensqualität sind dadurch oft beeinträchtigt. […] Im alltäglichen Sprachgebrauch wird der Begriff depressiv häufig für eine normale traurig-niedergeschlagene Stimmungslage ohne Krankheitswert verwendet (der richtige Fachbegriff dazu wäre deprimiert). Im medizinischen Sinne ist die Depression jedoch eine ernste, behandlungsbedürftige und oft folgenreiche Erkrankung, die sich der Beeinflussung durch Willenskraft oder Selbstdisziplin des Betroffenen entzieht.“

Weil es so wichtig ist, wiederhole ich es noch mal:

Machen Sie sich bewusst, dass die Depression eine Krankheit ist. Auch wenn die genauen Wirkmechanismen von der Wissenschaft noch nicht vollständig und bis ins Detail verstanden werden, ist gesichert, dass die veränderten biochemischen Aktivitäten des Gehirns eine wesentliche Rolle bei der Depression spielen. Genau genommen handelt es sich um Serotonin, Noradrenalin und Dopamin. Serotonin ist ein Gewebshormon und Neurotransmitter (also ein Botenstoff, der Informationen im Gehirn transportiert), das/der Auswirkungen auf den Magen-Darm-Trakt, auf das Herz-Kreislauf-System (besonders Blutdruck), aber eben auch auf das Gehirn hat. Serotonin wird auch als Glückshormon bezeichnet, weil es tatsächlich großen Einfluss auf Gefühle und Emotionen hat. Auch Dopamin und Noradrenalin sind Neurotransmitter, wobei beide sehr starke Auswirkungen auf unseren Antrieb beziehungsweise Tatendrang haben.

Außerdem wurde bei Betroffenen mittels bildgebender Verfahren während einer depressiven Episode eine veränderte Aktivität des sogenannten limbischen Systems im Gehirn festgestellt. Das limbische System, auch als stressregulierendes System bezeichnet, ist für das Empfinden und Verarbeiten von Gefühlen mitverantwortlich. Die veränderte Aktivität bei der Verarbeitung von Gefühlen erklärt u.a. die erhöhte psychische Verletzlichkeit depressiver Patienten und warum Schicksalsschläge oft einer Erkrankung vorausgehen.

Dazu möchte ich noch ergänzen, dass ich weder Arzt noch Biologe und auch kein Chemiker bin. Diese Erklärungen sind sehr oberflächlich und sollen Ihnen nur eine grobe Übersicht geben, was sich im Kopf eines Patienten abspielt. Wenn Sie dieses Thema interessiert, sind spezifische Fachbücher sicherlich deutlich aussagekräftiger und wissenschaftlich korrekter als meine Ausführungen.

Was ich Ihnen eigentlich damit erklären möchte: Die Depression ist nicht eingebildet, sondern hat einen handfesten Hintergrund und ist somit eine Krankheit. Der Nachteil: Eine Krankheit kann man normalerweise nicht einfach mit einem Fingerschnippen wegzaubern. Der Vorteil: Krankheiten sind meistens heilbar oder zumindest gut kontrollierbar.

Es gibt aber noch eine weitere, tiefergehende Erklärung des Phänomens Depression, die etwas umfassender ist. Man sagt, dass eine Depression bio-psycho-soziale Hintergründe hat.

Bio steht für die Biologie und somit für den medizinischen (bzw. auch genetischen) Aspekt. Das ist genau das, was ich vorhin beschrieben hatte, mit dem Missverhältnis von Serotonin, Dopamin und Noradrenalin.

Der psychologische Aspekt ist abhängig vom persönlichen Erleben, von der Art der Stressbewältigung und von negativen (oder positiven) Denkmustern. Vereinfacht könnte man sagen: Wer permanent negativ denkt, fällt leichter in eine Depression. Durch Erlebnisse im Laufe des Lebens bildet jeder Mensch gewisse Denkmuster, die man in der Psychotherapie auch Schemata nennt. Diese Denk-Schemata beeinflussen unser Selbstbild (also wie wir uns selbst wahrnehmen und definieren; sozusagen: Was glaube ich, wer ich als Mensch bin?) und wie wir Ereignisse und Situationen bewerten. Negative Schemata können dazu führen, dass wir alltägliche Situationen verzerrt wahrnehmen und interpretieren. Diesen Denkmustern liegen oft Überzeugungen wie

„Ich muss immer perfekt sein“ oder „Ich darf niemandem zur Last fallen“ zugrunde. Menschen, die so denken, kommen sehr oft und sehr leicht zu dem Schluss, dass Sie versagt haben, wenn auch nur irgendeine Kleinigkeit schief geht.

Das heißt, man stellt erhöhte Anforderungen an sich selbst, die zumeist nur schwer oder gar nicht erfüllt werden können. Dies führt zu übermäßigem Pessimismus und einem negativen Blick auf die Zukunft. Diese Schemata und Denkmuster bilden sich vor allem - aber nicht nur - im Kindheitsalter. Sofern Sie ein Elternteil des Depressionspatienten sind, möchte ich hier aber sofort anfügen: Schuldgefühle helfen nicht weiter! Bevor Sie hier eigene Interpretationen anstellen, lesen Sie im weiteren Verlauf des Buches „Tipp Nr. 3 Weg mit den Schuldgefühlen“ genau durch.

Psychologische und soziale Faktoren sind natürlich eng miteinander verschränkt. Soziale Faktoren können Erfahrungen aus der frühen Kindheit sein, wie zum Beispiel Mobbing oder fehlende soziale Unterstützung. Zum anderen sind besonders die aktuellen Lebensumstände relevant: Dauerhafte Überforderung oder Konflikte am Arbeitsplatz können ebenso zu einer großen Belastung werden wie anhaltende Spannungen in der Partnerschaft.

Auch plötzliche tragische Ereignisse und Veränderungen können das Leben erschüttern. Der Verlust eines geliebten Menschen, etwa bei einer Trennung, ist mit schmerzhaften Gefühlen verbunden und kann eine negative Depressionsspirale auslösen. Auch bestimmte Lebensphasen wie der Übergang vom Studium in den Beruf können das Leben maßgeblich verändern und zu Auslösern von depressiven Episoden werden.

Heutzutage sind Forscher davon überzeugt, dass biologische, psychologische und soziale Faktoren eng verschränkt sind. Man geht davon aus, dass nicht nur die Gene einen Einfluss auf die Psyche haben, sondern dass auch umgekehrt (negative) Erlebnisse eines Menschen sein Erbgut verändern können.

Sie sehen also: Die Frage „Was ist eine Depression?“ kann nicht so einfach beantwortet werden. Eine Depression ist letztlich deutlich komplexer als ein simpler Beinbruch. Und diese Komplexität führt dazu, dass auch die Gesundung erst durch das zusammensetzen vieler verschiedener kleiner Puzzleteile erfolgreich erreicht werden kann. Eines dieser Puzzleteile (wenn nicht sogar mehrere) sind Sie!

WIE FÜHLT SICH EINE DEPRESSION AN?

Wer noch nie eine Depression hatte, kann nicht verstehen, was in einem Menschen vorgeht, der akut davon betroffen ist. Auch ich konnte mir, bis ich meine erste depressive Phase hatte, nichts darunter vorstellen.

Wenn man, so wie ich, bereits mehrere depressive Episoden hatte, ist man gezwungen, sich intensiv mit diesem Thema zu beschäftigen. Dabei habe ich unter anderem auch Freunden versucht zu erklären, wie es mir geht und was sich in meinem Inneren abspielt. Meine Lieblingsbeschreibung ist:

Stell dir vor, Du bist mitten in einer tiefen Depression, Gott kommt höchstpersönlich zu dir und erklärt dir: „Du wirst ein sehr langes und gesundes Leben haben. Du wirst deinen Traumjob finden und sehr viel Geld verdienen. Du wirst deine Traumfrau oder deinen Traummann finden, wirst großartige

Kinder haben und alles wird so laufen, wie du dir das immer schon erträumt hast.“ Und nachdem dir Gott das alles erzählt hat, hat sich an deinen negativen Gefühlen nichts geändert. Du bist genauso tief unten und willst einfach nur weg oder sogar sterben.

Depression bedeutete für mich Angst. Einfach nur Angst. Permanente Angst. So viel Angst, dass ich am Ende nicht mehr wusste, wovor ich mich eigentlich fürchtete. Ich konnte die Angst irgendwann gar nicht mehr irgendeiner Bedrohung zuordnen. Diese Angst ist nicht mit normalen alltäglichen Ängsten zu vergleichen. Sie dringt tief bis in die Knochen. Sie beherrscht dich und lähmt dich fast.

Depression hat für mich auch völlige Kraftlosigkeit bedeutet. Keine Energie mehr, um auch nur irgendetwas zu schaffen. An diesem Punkt möchte ich wieder ein wenig von mir erzählen. Ich wurde im Krankenhaus behandelt und war in einer sehr schweren Depression gefangen. Es war der zweite Abend meines Aufenthaltes. Das Abendessen für uns Patienten wurde in einem überdimensionierten Servierwagen direkt auf die Station geliefert. Jeder konnte sich von dort dann sein Tablett abholen und damit in den Speiseraum gehen; der befand sich nur ein paar Meter entfernt von meinem Zimmer. Als der Servierwagen also in der Station eintraf, realisierte ich, dass ich einfach nicht genügend Kraft hatte, um mir das Essen zu holen und damit in den Speiseraum zu gehen. Für einen gesunden Menschen ist das kaum vorstellbar. Aber für mich war es eine richtige Qual. Diese Kraftlosigkeit ist aber nicht vergleichbar mit der Müdigkeit nach intensiver körperlicher Anstrengung. Es war eher eine Energielosigkeit, die sich massiv körperlich auswirkte. Es war fast so, als hätte mir jemand die Lebenskräfte aus dem Leib gesaugt.

Depression hat für mich aber auch bedeutet, mich nicht mehr konzentrieren zu können und geistig überfordert zu sein. Einfachste intellektuelle Leistungen waren mir viel zu viel. Das veranschaulicht ein Erlebnis, das ich während einer depressiven Episode hatte: Während meines ersten Krankenhausaufenthalts musste man mich aus Kapazitätsgründen unglücklicherweise in ein anderes Zimmer verlegen. Die Übersiedlung des Betts und einiger anderer wichtiger Dinge wurde natürlich vom Krankenhauspersonal erledigt. In meinem Schrank hatte ich aber noch vier Dinge. Einen Ring, eine Uhr, meine Geldbörse und Ausweise. Ich versuchte nun, diese Dinge aus meinem Schrank zu entfernen, um diese in mein neues Zimmer zu bringen. Da bekam ich allerdings Angst, dass ich möglicherweise etwas vergessen könnte (wohlgemerkt: vier Dinge! Und alle diese Dinge lagen vor mir!). Also habe ich mir auf ein Stück Papier alle vier Sachen aufgeschrieben. Als ich sie rausnahm, habe ich einen Haken daneben gemacht. Dann nahm ich alle vier Dinge gleichzeitig in die Hände und ging in das neue Zimmer. Beim Einordnen in den neu zu „beziehenden" Kasten habe ich dann einen zweiten Haken neben jedes Stück gesetzt, um sicher zu sein, dass ich nichts vergessen hatte.

Eine andere sehr spannende Erfahrung war für mich, als ich nach zwei Wochen auf der psychiatrischen Station beschlossen habe, in den Haupttrakt des Krankenhauses zu gehen, um mir etwas zu kaufen. Die Shops waren direkt beim Eingangsbereich. Das Menschenaufkommen war – wie in einem großen Krankenhaus üblich – doch sehr beträchtlich. Eine Situation, die man im normalen Alltag maximal als etwas lästig empfindet. Für mich war das aber der

Horror.

Ich habe gemerkt, dass mein Gehirn die Summe an Eindrücken nicht mehr verarbeiten konnte. Ich hatte das Gefühl, dass eine ganze Armada an Raumschiffen mit unheimlicher Geschwindigkeit an mir vorbeizischte. Es war für mich eine richtiggehend surreale Szene. Ich war völlig verwirrt und hatte das Gefühl, dass ich (obwohl ich ging) stillstand, während alles rund um mich in Hypergeschwindigkeit rotiert. Das ging so weit, dass mir davon sogar schlecht wurde und ich den Ort verlassen musste. Eine große Anzahl an Menschen hatte mein Gehirn also vollständig überfordert.

WIE KANN MAN ERKENNEN, OB JEMAND AN EINER DEPRESSION ERKRANKT IST?

Für jemanden, der selbst schon mehr als eine depressive Episode gehabt hat, ist es relativ einfach zu erkennen, ob jemand depressiv ist oder einfach nur eine schwierige Phase durchlebt. Wenn Sie noch nie eine Depression erlebt haben, dann ist das ungleich schwieriger. Es gibt aber einige deutliche Anzeichen.

Ein ganz wichtiges und sehr eindeutiges Zeichen sind Schlafstörungen über einen längeren Zeitraum. Bei mir hat sich das so geäußert, dass ich über Wochen regelmäßig ziemlich genau um 03:45 Uhr wach geworden bin und dann nicht mehr einschlafen konnte, oder bestenfalls ein wenig weggedöst bin. Diese oder ähnliche Erfahrungen haben auch viele andere Erkrankte gemacht, die ich kennengelernt habe. Dieses Anzeichen hängt bereits mit deutlichen Veränderungen der biochemischen Abläufe im Gehirn zusammen. Wesentlich ist dabei das Serotonin (wie bereits vorhin erläutert). Dieser Nervenbotenstoff ist eine wichtige

Überträgersubstanz der Nervenimpulse im Gehirn, die auch den Schlaf-Wach-Rhythmus beeinflusst. In diesem Zusammenhang ist auch spannend, dass die Stimmung des Erkrankten am Morgen bzw. Vormittag deutlich schlechter ist als zu späterer Stunde.

Ich habe während depressiver Episoden am Morgen meist vor Angst und Verzweiflung gezittert. Auch die Weinkrämpfe kamen stets am Morgen oder am Vormittag. In Fachkreisen nennt man dieses Phänomen das „Morgentief“. Am Abend trat dann meist eine deutliche Verbesserung ein. Wenn man das Thema Schlaf betrachtet, muss man aber auch den Umkehrschluss erklären. Denn ein gestörter Schlaf ist nicht nur ein Zeichen für eine Depression. Schlafprobleme oder zu wenig Schlaf können auch ein Auslöser oder sogar die Ursache einer Depression sein. Dazu aber später mehr.

Wenn die Depression eine gewisse Intensität erreicht hat, kommen meist Konzentrationsstörungen, Vergesslichkeit und Entscheidungsprobleme vor. Ich habe Ihnen ja vorhin davon erzählt, dass ich im Krankenhaus in ein anderes Zimmer übersiedeln musste (welches übrigens nur ungefähr vier Meter vom bisherigen Zimmer entfernt war). Ich hatte derart schlimme Konzentrationsstörungen, dass ich mir eben diese vier Dinge, die ich mitnehmen wollte, nicht merken konnte. Die geistige Leistungsfähigkeit ist während einer Depression merklich herabgesetzt.

An Depression erkrankte Menschen haben meistens das Gefühl, den nächsten Tag nicht mehr zu schaffen. Interessanterweise kommunizieren das, meiner Erfahrung nach, relativ viele Erkrankte aktiv und direkt (was nicht bedeutet, dass es wirklich alle tun!). Dies hat viel mit mangelnder Kraft und Müdigkeit zu tun. Diese

Müdigkeit und Kraftlosigkeit kommen bei so gut wie jedem Patienten vor.

Besonders auffallend ist, dass sich bei erkrankten Personen die Wahrnehmung massiv verzerrt. Dies können Sie natürlich nicht erkennen, weil niemand in den Kopf eines anderen Menschen hineinsehen kann. Offensichtlich wird das nur, wenn der Betroffene sich entsprechend äußert. Depressive Menschen sind zwar krank, aber deshalb nicht blöd. Sie spüren unterbewusst, dass etwas nicht stimmt, und versuchen diese Veränderungen intuitiv zu überspielen. Manchmal aber ist die Krankheit stärker als die eigene Fähigkeit zur Beherrschung und dann können Sie als Angehöriger eventuell erkennen, dass etwas nicht stimmt. Das möchte ich anhand eines Beispiels erläutern. Als ich mich bereits offensichtlich verändert hatte, mir das aber noch nicht eingestehen konnte, berührte ich beim Einparken mit meinem Auto ein anderes Auto. Berühren ist genau der richtige Ausdruck, denn es war – soweit man es bei Dunkelheit (unter Mithilfe der Handy-Taschenlampe) erkennen konnte - weder an meinem noch am Auto des anderen ein Schaden entstanden. Aber alleine die Tatsache, dass ich möglicherweise die Beschädigung eines anderen Fahrzeugs verursacht haben könnte, machte mich fertig. Als ich danach in die Wohnung kam und meine Lebensgefährtin sah, wie beunruhigt ich wegen einer Nichtigkeit war, konnte Sie das nicht zuordnen. In Wahrheit war das bereits ein erstes Anzeichen der kommenden Depression.

Ein ganz wesentlicher Faktor, der jede Depression zu einem Horror werden lässt, ist die Angst. Fast alle depressiven Menschen haben Ängste. In der Fachliteratur wird meist erklärt, dass Angst sehr häufig auch bei Depressionen vorkomme. Ich für meinen Teil habe keinen einzigen depressiven Menschen kennengelernt, der kein Angstproblem hatte. Diese Ängste sind in den meisten Fällen irrational. Diese Irrationalität wird besonders daran deutlich, dass dem Patienten irgendwann nicht mehr klar ist, wovor er eigentlich Angst hat. Ich kann Ihnen aus eigener Erfahrung sagen: Das sind äußerst belastende Phasen. Sie haben Angst, wissen aber eigentlich nicht mal wovor. Eine spannende – wenn auch nicht besonders erfreuliche - Erfahrung, die ich gemacht habe, war, dass sich die Angst auch in körperlichen Angstreaktionen oder Angstreflexen manifestiert hat. So wurde ich plötzlich irrsinnig schreckhaft, und zwar deutlich über Gebühr. Ich bin relativ groß und es hat dann sogar gereicht, dass ich mit dem Kopf irgendetwas unabsichtlich berührt habe (ohne Verletzung), z.B. einen Haltegriff in der U-Bahn, um irrsinnig zusammenzuzucken. Interessanterweise passiert mit das manchmal sogar noch heute.

Lustlosigkeit und Apathie sind weitere deutliche Anzeichen für eine Depression. Diese äußern sich dann ganz konkret im Alltag. Betroffene legen plötzlich keinen Wert mehr auf Dinge, die ihnen vorher sehr wichtig waren. Das kann beispielsweise ein geliebtes Hobby sein, oder auch ein Job, der früher einmal sehr viel Spaß gemacht hat. Diese Lustlosigkeit manifestiert sich auch auf sexueller Ebene. Das habe ich selbst auch am eigenen Leib sehr stark gespürt. Das geht so weit, dass die sexuelle Unlust zu einem völligen Stillstand des Sexuallebens führt. Bei mir war die Sexualität, trotz Beziehung, für ein halbes Jahr völlig irrelevant geworden. Gerade das kann in einer Partnerschaft auch zu einer großen Belastung führen, denn manchmal interpretiert der gesunde Partner das auch als persönliche Ablehnung oder als mangelnde Attraktivität. Wenn der Betroffene also Ihr Partner ist, dann fassen Sie diese Lustlosigkeit nicht falsch auf. Sie ist ganz normaler Teil der Krankheit.

Ein gut sichtbares Zeichen ist auch Appetitlosigkeit, die zu einem relativ raschen Gewichtsverlust führt. Dieser Gewichtsverlust wird oftmals auf ein körperliches Gebrechen zurückgeführt. Da der Gewichtsverlust - als Resultat der Appetitlosigkeit - eines der eher wenigen körperlichen Anzeichen einer Depression ist, nehmen das viele Menschen als Anlass, um einen Arzt aufzusuchen. Meist gehen Sie zum Hausarzt und dann zum Facharzt. Leider erkennt nicht jeder Arzt, dass dahinter ein psychologisches oder psychiatrisches Problem steckt.

Zwar habe ich es selbst nie - weder bei mir noch bei anderen – erlebt, aber eine erhöhte Aggressivität kann durchaus auch ein Anzeichen einer Depression sein. Dies kann für einen Laien das Erkennen einer Depression erschweren. Denn ein schlapper, apathischer, trauriger Mensch wird eher mit einer Depression in Verbindung gebracht als ein reizbarer Mensch, der unter Umständen indirekt ein Gefühl von Agilität und Stärke vermitteln kann. Interessant ist auch, dass die Aggressivität als Symptom einer Depression überwiegend bei Männern vorkommt. Bei Frauen ist es eher atypisch.

Darüber hinaus kann sich eine Depression auch in übermäßigem Alkoholkonsum zeigen. Nicht wenige Erkrankte versuchen ihre Stimmung mit Alkohol aufzuhellen. Das ist eine fatale Entscheidung, denn Alkoholkonsum begünstigt eine Depression sogar. Umgekehrt kann zu hoher Alkoholkonsum auch den

Weg in die Depression erleichtern. Prof. Thomas Pollmächer von der Deutschen Gesellschaft für Psychiatrie und Psychotherapie, Psychosomatik und Nervenheilkunde erklärt die Problematik so: Bereits mäßiger Konsum von Alkohol vor dem Einschlafen kann dazu führen, dass sich die Schlafzeit verkürzt und die Qualität des Schlafes verschlechtert. Schlafstörungen mit Alkohol zu bekämpfen, ist daher keine sinnvolle Lösung, da sich die Schlafprobleme so verstärken können. Alkohol kann zwar in der ersten Nachthälfte einen stabilisierenden Effekt auf den Schlaf haben und zunächst auch das Einschlafen beschleunigen. In der zweiten Nachthälfte kann jedoch ein gegenteiliger Effekt mit gehäuften Wachphasen auftreten, wodurch sich die Schlafdauer insgesamt verkürzt.

Bei Patienten mit einer beginnenden Depression müssen sich nicht notwendigerweise alle hier angeführten Symptome zeigen. Bei mir selbst haben sich zu Beginn der schlechte Schlaf und die erhöhte Ängstlichkeit in Verbindung mit einer inneren Unruhe gezeigt. Dies ist jedoch von Patient zu Patient verschieden. In jedem Fall gilt: Wenn eines oder mehrere dieser Anzeichen erkennbar werden, ist in jedem Fall Vorsicht geboten und Sie sollten das Verhalten des potenziell Betroffenen genau beobachten.

16 TIPPS, UM DEM PATIENTEN UND SICH SELBST ZU HELFEN

TIPP NR. 1: MACHEN SIE SICH BEWUSST: SIE SIND WEDER HILFLOS NOCH MACHTLOS

Sie fühlen sich angesichts der Erkrankung Ihres Angehörigen hilflos und machtlos? Dann geht es Ihnen genauso wie den Angehörigen von so ziemlich allen Depressionspatienten. Kurz vor der Fertigstellung dieses Buches hat mir beispielsweise die Ehefrau eines depressiven Mannes wortwörtlich gesagt: Bitte, schreiben Sie Ihr Buch so schnell wie möglich fertig. Ich habe keine Ahnung, wie ich mich meinem Mann gegenüber verhalten soll. Also machen Sie sich keine Sorgen. Ihre Gefühlslage zum gegenwärtigen Zeitpunkt ist völlig normal. Aber wir müssen jetzt gegensteuern. Denn Hilflosigkeit und Machtlosigkeit sind Gefühle bzw. Gefühlszustände, die bis zu einer totalen emotionalen „Lähmung" führen können.

Genau das müssen wir verhindern und deshalb sage ich Ihnen freiheraus: Sie sind weder hilflos noch machtlos. Vergessen Sie das sofort wieder. Sie müssen nur verstehen, dass sich die Spielregeln geändert haben. Wenn Ihnen das bewusst wird, haben die Gefühle der Hilflosigkeit und Machtlosigkeit ausgedient.

Das Problem bei einer Depression ist, dass man Sie nicht mit einer einzelnen Aktion beseitigen kann, sondern dass es eine Vielzahl an Werkzeugen braucht (um die Sie sich nicht allein kümmern müssen, bzw. die Sie nicht allein bedienen müssen!). Es ist vor allem wichtig, dass Ihnen bewusstwird, dass die Zeit für Sie arbeitet und nicht Sie gegen die Zeit arbeiten müssen. Zeit ist ein wichtiger Faktor. Es geht jetzt nicht darum, dass Sie schnell sein müssen. Eher im Gegenteil. Es geht darum, dass Sie dem Patienten und sich Zeit geben und vor allem Geduld mitbringen.

Bei vielen Dingen im Leben kann man eine einfache Handlung setzen und bekommt das gewünschte Ergebnis. Wenn es beispielsweise um die Gesundheit geht, nimmt man bei einer bakteriellen Infektion Antibiotika und wird in der Regel innerhalb von ein paar Tagen gesund.

Genau DAS funktioniert bei einer Depressionserkrankung leider nicht. Sie brauchen mehr Geduld als bei vielen anderen Krankheiten. Aber das bedeutet eben auch, dass Sie weniger Zeitstress haben - und das ist die gute Nachricht. Natürlich ist es wichtig, den geliebten Menschen möglichst zügig in ordnungsgemäße Therapien zu bringen. Letztlich aber ist der Weg zur Gesundung kein Sprint, sondern ein Marathon (Nicht vergessen: Der Marathonläufer läuft langsamer als der Sprinter!). Deshalb möchte ich Sie ermutigen, sich ein wenig vom Druck zu befreien, der auf Ihnen lastet. Sie können als Angehöriger oder Freund sehr viel bewirken und den Patienten sehr gut unterstützen. Allerdings – und das ist auch ganz wesentlich - werden Sie nicht immer die Rückmeldung bekommen, die Sie sich erwarten oder erhoffen.

Ich möchte diesbezüglich wieder einen kleinen Exkurs in meine eigene Krankheitsgeschichte machen. Meine Eltern haben sich, besonders während meiner depressiven Episoden, wahnsinnig um mich bemüht. Ich habe das gespürt und es hat mir unglaublich viel Kraft gegeben. Es hat mir genügend Kraft gegeben, um irgendwann an den Punkt zu kommen, langsam wieder selbst Kontrolle über die Erkrankung und mein Leben zu gewinnen. Und es hat mir sehr leidgetan, dass ich ihnen in meiner akuten Krankheitsphase nicht zeigen konnte, wie viel sie mir geholfen hatten. Ich hatte einfach nicht die Kraft. Ich habe mich auf mich selbst fokussiert. Ich habe dann später auch realisiert, dass meine Eltern sehr viel Kraft verloren und das Gefühl hatten, dass sie mir nicht helfen konnten. In Wahrheit haben sie mir aber geholfen - unendlich viel.

Als Angehöriger (oder Freund) spielen Sie in jedem Fall eine sehr wichtige Rolle für die Gesundung des Patienten. Aber Achtung! Sie sind weder der Arzt noch der Psychotherapeut Ihres Angehörigen und schon gar nicht beides zusammen. Sie können nicht alle Probleme allein lösen. Das muss Ihnen bewusst sein. Je klarer Ihnen wird, dass Sie nicht hilflos und machtlos sind, desto leichter können Sie durch diese Zeit gehen. Um diese Hilflosigkeit und Machtlosigkeit zu beseitigen und zu besiegen, möchte ich Ihnen hier die nötigen Werkzeuge geben.

Sie werden mit dem Patienten im Laufe der Erkrankung unzählige Gespräche führen und das Gefühl haben, es geht ihm/ihr nicht besser. Nicht selten führt das dazu, dass man den Eindruck bekommt, dass man sich nicht nur nicht nach vorne bewegt, sondern sogar Rückschritte erlebt. Aber so ist die Erkrankung. Wenn jemand sich das Bein bricht, heilt es auch nicht sofort. Und man spürt auch nach einer Woche noch keine Besserung. Trotzdem weiß man, dass es heilen wird. Also: Lassen Sie sich nicht aus der Fassung bringen. Je besser Sie die Krankheit verstehen und ihre Mechanismen kennen, desto entspannter werden Sie sein und desto besser werden Sie Ihrem Angehörigen helfen können.

Sie sind jedenfalls weder macht- noch hilflos. Die Gesundung wird nur vielleicht etwas länger dauern als bei manchen anderen Krankheiten. Wenn Sie es geschafft haben, sich den Druck selbst zu nehmen, haben Sie die besten Voraussetzungen, dem Patienten wirklich helfen zu können.

Es ist in der jetzigen Phase besonders wichtig, dass Sie auch auf sich selbst achtgeben. Sie sind sicher schon mal mit dem Flugzeug geflogen, richtig? Erinnern Sie sich, was die Flugbegleiter erklären, für den Fall, dass Sie (bei Druckverlust in der Kabine) die Sauerstoffmaske benötigen und ihr (kleines) Kind neben Ihnen sitzt? Sie müssen die Maske im Notfall zuerst sich selbst über die Nase ziehen. Denn nur wenn Sie das tun, verhindern Sie, dass Sie bewusstlos werden und Ihrem Kind nicht mehr helfen können. Wenn Sie mit dem Kind beginnen, kann es sein, dass Sie – noch bevor Sie es geschafft haben – bewusstlos werden und damit weder dem Kind noch sich selbst geholfen haben. Also: Nur wenn Sie auch auf sich selbst achtgeben und sich nicht verrückt machen lassen, sind Sie in der Lage, eine wirkliche Stütze zu sein. Wenn Sie sich wirklich bewusst machen, dass alles wieder gut wird und sich bewusst machen, dass eine Depressionserkrankung eben, wie jede Erkrankung, Ihre Eigenheiten hat, können Sie erfolgreich für Ihren Angehörigen da sein. Als Betroffener und als jemand, der auch das Leid der Angehörigen in dieser Situation hautnah verfolgen konnte, kann ich Ihnen sagen: Mir ist völlig bewusst, dass das nicht so einfach ist. Aber diesen Schritt, und es ist wohl einer der schwierigsten Schritte, kann ich Ihnen nicht abnehmen.

Das Hauptproblem ist, dass ich Ihnen keine einfache Anleitung geben kann, wie Sie es schaffen, sich den Druck zu nehmen und sich vor allem selbst vom Gefühl der Machtlosigkeit zu befreien. Man kann diese Gefühle leider nicht auf Knopfdruck ausschalten. Aber es gibt einige Strategien, die dabei helfen können. Dazu gehört, sich intensiv mit der Erkrankung auseinanderzusetzen und vor allem ist es in einem ersten Schritt wichtig, dass Sie sich selbst keine Schuld geben. Denn das kommt vor allem bei Eltern oder auch Kindern des Angehörigen sehr häufig vor. Lesen Sie dazu bitte unbedingt Tipp Nr. 3: Weg mit den Schuldgefühlen aufmerksam durch.

Aus meiner eigenen Erfahrung kann ich sagen, dass es sehr hilfreich ist, wenn man möglichst viel über die Erkrankung weiß und diese als Teil des geliebten Menschen akzeptiert. Ich bin mir nicht sicher, ob Ihnen das als Angehöriger hilft, aber als Patient konnte ich mich oft damit aufbauen, dass ich mir bewusst machte, dass es viel besser ist, diese Erkrankung zu haben als z.B. eine (oftmals) tödlich verlaufende Erkrankung wie Krebs. Wie hört sich das für Sie an? Würden Sie es lieber sehen, wenn der Betroffene todkrank wäre? Wohl eher nicht. Also nehmen Sie Ihre Situation an und versuchen Sie mit einer Portion Gelassenheit in die nächsten Wochen und Monate zu gehen.

Zusammenfassung: Die Gefühle der Hilf- und Machtlosigkeit lähmen Sie nur. Und in der Tat sind Sie weder hilflos noch machtlos. Die Depression ist eine Erkrankung und kann mit ärztlicher und psychotherapeutischer Unterstützung bestens kontrolliert oder sogar geheilt werden. Lesen Sie viel über die Erkrankung und akzeptieren Sie sie als einen Teil des Patienten. Geben Sie dem Patienten und sich selbst Zeit und üben Sie sich ein wenig in Gelassenheit. Dann können Sie nicht nur dem Betroffenen am besten helfen, sondern auch sich selbst. Und vor allem: Sie müssen nicht alles alleine erledigen.

TIPP NR. 2: MEDIZINISCHE ABKLÄRUNG

Auch wenn ich fest davon überzeugt bin, dass ich Ihnen (und damit auch dem Patienten) mit diesem Buch weiterhelfen kann, ist es unbedingt notwendig, dass Sie die Erkrankung ihres geliebten Menschen medizinisch abklären lassen.

Es gibt unterschiedliche Intensitäten von Depressionen und es gibt durchaus sehr leichte Episoden, bei denen das Eingreifen eines Arztes nur peripher notwendig ist. In den meisten Fällen ist eine umfassende Therapie aber unumgänglich. Ob das so ist, kann wiederum nur ein Arzt feststellen.

Welcher Facharzt? Ja, wir sprechen hier vom Psychiater! Ich weiß: Wenn man das erste Mal mit einem Psychiater zu tun hat, ist das ein ziemlich komisches Gefühl. Bei dem Wort Psychiater denken viele Menschen immer noch an schwerwiegende Geisteskrankheiten. Aber auch eine „ganz normale" Depression muss von einem Facharzt für Psychiatrie behandelt werden. Die Anzahl der Personen, die zumindest einmal in ihrem Leben in psychiatrischer Behandlung waren, ist viel höher, als Sie denken. Wenn Sie, so wie ich, dieses Thema offen behandeln und aktiv mit Menschen darüber sprechen, werden Sie staunen, wie weit verbreitet psychiatrische Behandlungen sind. Immerhin bekommen fast 20% aller Menschen zumindest einmal in ihrem Leben eine Depression.

Ich kann mich noch sehr gut erinnern, wie es war, als ich das erste Mal ins Krankenhaus kam. Mein Arzt hat mir empfohlen, eine Schlaftherapie zu machen. In meiner verzweifelten Lage war mir gar nicht bewusst, dass er mich eigentlich an eine psychiatrische Abteilung verwiesen hatte.

Ich bin also gemeinsam mit meiner damaligen

Lebensgefährtin zum Krankenhaus gefahren und habe die von ihm angegebene Station 4A gesucht. Diese Station war nicht direkt im großen Krankenhauskomplex, sondern in einer kleineren Einheit daneben. Direkt vor dem Eingangstor befand sich eine Bank, und da ich sehr müde war, habe ich mich kurz hingesetzt. Ich habe aufgesehen und sah dort in großen Lettern: Abteilung für Psychiatrie und Neurologie. Im ersten Moment dachte ich nur: „Wie tief bin ich gesunken, dass ich jetzt schon auf eine psychiatrische Abteilung komme?". Ich habe dann noch ziemlich lange damit gekämpft, ob ich überhaupt dort reingehen sollte.

Obwohl es völlig irrational war, dachte ich die ganze Zeit nur darüber nach, dass ich ein Mensch mit einer Geisteskrankheit wäre, sobald ich das Gebäude betreten würde. Ich dachte, ich hätte dann ein Etikett mit folgender Aufschrift an mir kleben: „Ich war in der Psychiatrie". Aber ich kann Ihnen aus heutiger Sicht sagen: Es war das Beste, was mir angesichts meiner Situation passieren konnte.

Eine Depression ist und bleibt letztlich eine Krankheit. Demgemäß kann hier nur ein Arzt weiterhelfen. Und ja, das muss Ihnen und vor allem dem Patienten klar sein; wir sprechen dabei unter Umständen auch von einer medikamentösen Therapie. Ich für meinen Teil bin seit zehn Jahren medikamentös eingestellt, wobei ich diese Medikamente höchstwahrscheinlich gar nicht mehr benötige. Ich habe mich aber dafür entschieden, sie weiter zu nehmen, weil ich einer erneuten Erkrankung vorbeugen möchte.

An dieser Stelle merke ich in Gesprächen mit betroffenen Menschen immer wieder, dass sie Sorge haben, dass Psychopharmaka (also z.B. Medikamente gegen Depressionen) die Persönlichkeit verändern. Ich kann Ihnen eines versichern: Genau das tun die Medikamente nicht. Fast alle Medikamente machen zu Beginn müde. Das ist ein Faktum. Genau das legt sich aber innerhalb von ein paar Wochen. Heute spüre ich die Einnahme meiner Medikamente überhaupt nicht mehr. Es ist, als würde ich gar nichts einnehmen. Für mich ist die Medikamenteneinnahme eine psychologische Stütze. Im Detail komme ich später im Buch, im Kapitel Medikamente, darauf zu sprechen.

Das weitaus größere Problem ist jedoch die Frage, ob der Erkrankte bereit ist, sich medizinisch behandeln zu lassen. Viele Depressionspatienten gaukeln sich selbst vor, dass ihre Situation eigentlich nicht so schlimm sei und dass sie ihr Problem allein bewältigen können. Das ist eine gefährliche Sichtweise und vor allem bei Männern eher der Regelfall als die Ausnahme. Bei manchen Depressionspatienten geht es sogar so weit, dass sie überhaupt keine Krankheitseinsicht haben, obwohl sie im Alltag überhaupt nicht mehr „funktionieren".

Die große Herausforderung ist es, bei vielen Betroffenen jedenfalls, dass sie den Weg zum Arzt überhaupt antreten.

Es ist in der Tat eine sehr schwierige Aufgabe, jemanden in medizinische Behandlung zu bringen, der sich dagegen wehrt oder zumindest innerlich (noch) nicht bereit ist. Und mit Druck kommt man hier nicht weiter. Außer es ist eindeutig ersichtlich, dass der Patient für sich oder andere eine ernsthafte Bedrohung darstellt. In diesem Fall kann der Patient sogar zwangsweise eingeliefert werden, um das Leben oder die Gesundheit des Betroffenen oder anderer Menschen zu schützen. Aber soweit soll es ja gar nicht kommen.

Bevor ich Ihnen im Laufe des Buches viele wichtige Lösungsansätze anbieten kann, muss ich so ehrlich sein und sie an dieser Stelle enttäuschen. Es gibt leider kein Patentrezept, wie man eine erkrankte Person dazu bringt, freiwillig zum Arzt zu gehen. Aber es gibt ein paar Strategien, wie man es schaffen könnte.

Eine sinnvolle Möglichkeit ist es, sich mit einem Arzt oder Psychotherapeuten abzusprechen. Natürlich können diese Experten auch keine Ferndiagnose stellen und vor allem können auch sie den Patienten nicht dazu zwingen, einen Termin wahrzunehmen. Unter Umständen können Sie aber wertvolle Tipps erhalten, wie Sie den Betroffenen überzeugen können. Ein Arzt oder noch besser ein Psychotherapeut können die Denkschemata eines Erkrankten (auch aus Erzählungen) besser einschätzen als Sie. Die Experten können Ihnen Anleitungen geben, mit welchen Tricks Sie den Patienten langsam in die richtige Richtung bewegen können.

Nachdem ich selbst jahrelang Patient war, erkenne ich meist schon nach kürzester Zeit, ob jemand depressiv ist oder nicht. Und ich versuche dann auch zu helfen. Und im Zuge dessen habe ich schon viele Menschen erfolgreich in medizinische Behandlung gebracht.

Wie? Nun, es gibt nichts Besseres für einen depressiven Menschen, als wenn er mit jemandem sprechen kann, der Ähnliches erlebt hat. Denn eine Depression kann nur derjenige in ihrem ganzen Ausmaß verstehen, der sie selbst am eigenen Leib erfahren hat. Der Betroffene tut sich viel leichter beim Zuhören, wenn jemand vor ihm steht, der genau weiß, was es bedeutet, diese Krankheit zu haben. Diese

Person wird, so bezeichnet man das in der Marketingsprache, zu einem Testimonial. Ein Vorbild sozusagen. Wer ist glaubwürdiger als jemand, der das geschafft hat, was der Betroffene schaffen möchte?

Wenn dieses Vorbild zeigt, erklärt und vorlebt, dass eine medizinische Behandlung geholfen hat, dann wird das viel ernster genommen, als wenn ein nicht-depressiver Mensch einem erklärt, dass man zum Psychiater müsse.

Wenn Sie also große Probleme haben, einen erkrankten Angehörigen bzw. Freund zu einem Arztbesuch zu bringen, dann suchen Sie in Ihrem erweiterten Umfeld nach einem Menschen, der erfolgreich medizinisch behandelt wurde und dem es jetzt gutgeht. Glauben Sie mir, das ist gar nicht so schwierig. Jeder fünfte Mensch hat in seinem Leben zumindest eine Depression.

Was letztlich aber bleibt ist die Tatsache, dass Sie mit Druck nichts erreichen. Sanfter Druck macht nur dann Sinn, wenn der Betroffene schon ein wenig Krankheitseinsicht hat und ihm nur die Kraft und/oder Motivation fehlen, um den Gang zum Arzt anzutreten. In diesem Fall sollten Sie als Angehöriger/Freund einen Termin beim Arzt vereinbaren und diesen Weg gemeinsam mit dem Patienten gehen. Begleiten Sie den Erkrankten in jedem Fall zum Arzttermin. Wundern Sie sich aber nicht: Am Gespräch im Arztzimmer dürfen Sie nicht teilnehmen.

Neben der ärztlichen Behandlung wird es, sofern der potenzielle Patient tatsächlich eine Depression hat, höchstwahrscheinlich sinnvoll sein, begleitend eine Psychotherapie zu machen. Hier kann Ihnen aber der Arzt weiterhelfen und allenfalls eine/n erfahrene/n Psychotherapeuten/Psychotherapeutin empfehlen.

Da viele Menschen den Unterschied zwischen Psychiater, Psychotherapeut und Psychologe nicht kennen, möchte ich an dieser Stelle (stark vereinfacht) etwas Klarheit schaffen:

Die Psychiatrie ist eine medizinische Fachdisziplin und dementsprechend ist der Psychiater ein Arzt. Er kümmert sich um die Diagnostik, Prävention und medikamentöse Therapie seelischer Erkrankungen. Auch wenn das jetzt keiner korrekten wissenschaftlichen Beschreibung entspricht, sage ich immer: Der Psychiater kümmert sich unter anderem um den biologischen Faktor der Erkrankung. Dieser Arzt verschreibt Ihnen also die entsprechende Medikation (die notwendigen Tabletten).

Der Psychotherapeut ist für die psychische Ebene zuständig, also für die Frage: Was kann ich in meinem Denken (und Handeln) ändern, damit es mir wieder besser geht?

Zusammenfassung: Einen Betroffenen gegen seinen Willen in medizinische Behandlung zu bringen, ist fast ein Ding der Unmöglichkeit. Starker Druck erzeugt eher noch mehr Ablehnung. Es ist sinnvoll, allenfalls mit einem Arzt oder Therapeuten eine Strategie zu entwickeln. Wenn der Betroffene langsam eine Krankheitseinsicht zeigt und ihm nur die Energie fehlt, den Schritt zu tun, können Sie aber durchaus auch aktiv einen Termin für den Patienten vereinbaren und ihn auf dessen Weg begleiten. Am besten funktioniert meines Erachtens aber ein Gespräch des Erkrankten mit einem ehemaligen Depressionspatienten, der es mit Hilfe ärztlicher Behandlung erfolgreich geschafft hat, wieder gesund zu werden. Nichts ist glaubwürdiger als ein Mensch, der genau das geschafft hat.

TIPP NR. 3: WEG MIT DEN SCHULDGEFÜHLEN

Diesem Thema möchte ich besondere Aufmerksamkeit schenken, und zwar deshalb, weil ich die Schuldgefühle meiner Eltern (und zum Teil auch meiner damaligen Lebensgefährtin) sehr intensiv miterlebt habe, als ich in einer schwerwiegenden Depression feststeckte. Und offen gesagt haben mir die Schuldgefühle meiner Angehörigen nicht geholfen, sondern mir die Genesung eher sogar ein wenig erschwert. Der Gedanke, als Depressiver auch noch dafür verantwortlich zu sein, dass es auch dem nahen Umfeld schlecht geht, verstärkt den Druck und ist somit vollkommen kontraproduktiv. Und schon allein diese Aussage von mir sollte Ihnen zeigen, dass es Zeit ist, mit den Schuldgefühlen aufzuhören.

Besonders wenn Sie ein Elternteil eines depressiven Kindes bzw. eines Kindes sind, das sich mitten in einer depressiven Episode befindet, trifft Sie das besonders stark. Aber auch Großeltern, Geschwister, sonstige Verwandte und enge Freunde leiden meist besonders intensiv mit dem Erkrankten mit.

Richtig schlimm ist es, wenn die Frage nach der eigenen Schuld auftaucht. Die klassischen Fragen, die sich die meisten engen Angehörigen oder Partner stellen, sind: „Habe ich etwas falsch gemacht?“ oder „Hätte ich das verhindern können?“. Wenn Sie ein Elternteil sind, wird es umso schwieriger, weil im Unterbewusstsein meist die gesamte Kindererziehung hinterfragt wird. Denn wenn es dem Kind psychisch derart schlecht geht, dann muss man doch große Fehler gemacht haben - ansonsten wäre das Kind ja glücklich. Und für eine Mutter oder einen Vater gibt es wohl nur wenige Dinge, die schlimmer sind, als das Gefühl zu haben, Schuld am Leid ihres bzw. seines Kindes zu haben.

Ohne Sie zu kennen, kann ich vorab schon einen Schluss ziehen: Mit ziemlicher Sicherheit haben Sie keine „schwerwiegenden“ Fehler in der Erziehung begangen. Natürlich ist nicht alles perfekt gelaufen in der Kindheit des Betroffenen. Und wenn Sie ein Elternteil sind: Natürlich sind Ihnen im Umgang mit Ihrem Kind auch Pannen passiert. Aber: Wenn Sie einen Vater oder eine Mutter auf diesem Planeten finden, der/die keine Fehler gemacht hat, dann haben Sie große Chancen, den Nobelpreis zu erhalten. So etwas gibt es nämlich (vermutlich) nicht.

Eltern, aber auch andere nahe Angehörige und Freunde, prägen das Leben eines Menschen. Insofern haben Sie natürlich großen Einfluss auf die Entwicklung eines Menschen bzw. eines Kindes. Die Sozialisation (das Aufwachsen in der Gesellschaft und damit das Lernen eines Kindes, wie es sich in der Gesellschaft verhält oder verhalten „soll“) bestimmt vieles von dem, wie das Kind sich im weiteren Verlauf seines Lebens verhält bzw. wie es fühlt und empfindet. Und als Eltern haben Sie Ihr Kind natürlich ganz stark geprägt. Wenn Sie selbst negativ denken, haben Sie unter Umständen vieles davon Ihrem Kind weitergegeben. Aber genau genommen haben Sie selbst wahrscheinlich Charaktereigenschaften von Ihren Eltern oder von Ihrem Umfeld übernommen. Auch Sie haben sich Ihre Denkschemata (zumindest viele davon) nicht selbst ausgesucht, sondern diese von Ihrem Umfeld (unter anderem auch von Ihren Eltern) erlernt.

Diese Erfahrungen habe auch ich gemacht. Auch in meiner Familie gibt es Familienmitglieder, bei denen eine gewisse Neigung dazu besteht, negativen Gedanken mehr Raum zu bieten, als das nötig ist - und das seit Generationen. Das Glück, das ich aber hatte und noch habe ist, dass trotz dieser Neigung auch eine starke Lebensfreude und Agilität in meiner Familie existiert.

Letztendlich reichen aber – meiner Erfahrung nach – negative Denkschemata (aus der Kindheit) nicht aus, um tief in eine Depression abzurutschen. Die biologische Komponente spielt eine mindestens ebenso große Rolle wie andere Aspekte. Eine solche Prädisposition (genetisch bedingte Krankheitsanfälligkeit) ist oft ausschlaggebend (oder zumindest stark verstärkend) für eine schwerwiegende Depression. Oder es kann auch ein sonstiges traumatisches Erlebnis sein. Nämlich beispielsweise der (plötzliche) Verlust (Tod) eines geliebten Menschen, eine (plötzliche) Trennung oder eventuell auch ein plötzlicher Jobverlust bzw. eine finanziell äußerst schwierige Lage.

Es kann sogar so weit gehen, dass ein traumatisches Erlebnis in einer Familie sich negativ auf viele weitere Generationen auswirkt. Ich hatte einen Bekannten, der nach Jahren der Psychotherapie auf ein lange zurückliegendes Familienereignis aufmerksam geworden ist, das sein Leben lange sehr beeinträchtigt hat und das zu einem kleinen Teil noch immer tut. Er hat mir erzählt, dass er einen Familienteil (mütterlicherseits) hat, der sehr lebensbejahend, offen und mutig ist. Der andere Familienteil (väterlicherseits) hingegen ist zwar sehr fähig und intelligent, aber leider auch besonders ängstlich und vor allem überkorrekt, wenn es um Autoritäten geht. Im Laufe seiner Psychotherapie hat sich ein Vorfall herauskristallisiert, der zwar viele Jahrzehnte zurücklag, aber seine Familie bis heute beeinträchtigt.

Was war geschehen? Sein Urgroßvater war während der Nazizeit ein sozialistischer Funktionär und somit quasi ein Gegner des Regimes. Er verdeutlichte in seinem Heimatort immer wieder, dass er mit dem Vorgehen der Nazis nicht einverstanden war. Eines Tages wurde er tot im Wald gefunden – erhängt. Er wurde von den Nationalsozialisten ermordet. Dazu ist noch dazu zu sagen, dass der Gemeindearzt gezwungen wurde, diesen Vorfall als Selbstmord zu deklarieren, was das Trauma der Familie nur noch verstärkt hat.

Was aber hatte dieses Erlebnis für eine Auswirkung? Der Schock innerhalb der Familie saß tief. Die Urgroßmutter (also die Frau des Erhängten) stand mit sechs Kindern alleine da. Die „Lehre", die diese Familie, also auch die Kinder und somit der Großvater des Bekannten, daraus zog, war: Leg dich nicht mit der Obrigkeit bzw. Autoritäten an, denn es könnte dich dein Leben kosten. Dieses Wissen, oder besser gesagt dieses Gefühl, wurde somit über Generationen weitergegeben. Und selbst mein Bekannter hat innerlich noch immer nach diesen Prinzipien gehandelt. Bei derartigen generationenübergreifend wirksamen Traumata ist es aber nicht so, dass dem jeweils Betroffenen (in dem genannten Fall der Urenkel; mein Bekannter) genau bewusst ist (er war schließlich gar nicht dabei bzw. lebte zu dieser Zeit noch gar nicht), was damals geschehen ist. Die kommenden Generationen übernehmen unbewusst die Ängste und Eigenheiten der Eltern oder eben sogar – über den Umweg der Eltern – von Großeltern oder Urgroßeltern.

Aber kommen wir zurück zum Schuldgefühl: Natürlich spielen permanent negative Gedanken eine nicht unwesentliche Rolle bei der Entwicklung einer

Depression. Dahinter kann ein gewisser Grundpessimismus stecken. Oder aber auch einzelne traumatische Erlebnisse.

Machen Sie sich aber in jedem Fall bewusst: Wenn Ihr Kind, Enkelkind, Verwandter oder Freund nicht eine gewisse genetische bzw. biologische Grundveranlagung hätte, dann würde er mit ziemlicher Sicherheit nicht depressiv sein oder depressiv werden. Und zwar selbst dann nicht, wenn er stark negative Denkschemata aus der Kindheit übernommen hätte.

Und selbst wenn Sie mit Ihren Fehlern zu der Erkrankung Ihres Kindes oder Partners beigetragen haben, so müssen Sie sich trotzdem bewusst machen, dass es mit Sicherheit keine Absicht war, sondern dass auch Sie in dieser Phase oder diesen Phasen nicht anders reagieren konnten.

In jedem Fall: Streichen Sie das Gefühl der Schuld aus Ihrem Leben. Schuld hilft Ihnen nicht weiter. Und das Gefühl der Schuld ist immer ein „Gefühl der Vergangenheit". Selbst wenn Sie etwas falsch gemacht haben, muss Ihnen bewusst sein, dass es acht Milliarden Menschen auf diesem Planeten gibt, die - genauso wie Sie - Fehler gemacht haben.

Sie haben jetzt die Möglichkeit, etwas zu verändern bzw. dem Patienten zu helfen. Das überwiegt alles, was davor passiert ist und kann die Basis sein für ein zukünftig noch besseres Verhältnis zwischen Ihnen und dem Angehörigen.

Mein Vater hat mir eines Tages nach meiner Genesung gesagt, dass er sich schuldig fühlt und es ihm leidtut, dass er nicht oft genug für mich da war. Und natürlich auch, dass er denkt, dass es seine Schuld gewesen war, dass ich erkrankte. Das war ein interessanter Moment. Denn obwohl mir bewusst geworden war, dass er sich wirklich eher selten Zeit für mich genommen hatte, habe ich in keiner Weise negative Gefühle ihm gegenüber gehabt. Ich habe ihm klar gemacht, dass es für mich ein großartiges Gefühl gewesen war, dass er mir während meiner Erkrankung so sehr geholfen hatte. Und dass ich genau weiß, dass alle Eltern mal Fehler machen. Und auch, dass ich mir sicher bin, dass ich auch bei meinen (zukünftigen) Kindern Fehler machen werde. An dieser Stelle muss ich einfach nochmal betonen, dass meine Eltern wirklich unheimlich viel Kraft aufgewendet haben und meine wichtigste Stütze in der schweren Zeit waren.

Es kommt natürlich auch vor, dass Kinder den Eltern sogar aktiv Schuld übertragen und das auch aussprechen. Das ist gar nicht so selten und verstärkt das Schuldgefühl ohne Frage noch viel mehr. Machen Sie sich aber bewusst, dass dies oft auch eine Schutzstrategie eines Menschen ist, um sich der eigenen Verantwortung dem Leben gegenüber nicht stellen zu müssen. Aber auch das ist nicht schlimm. Das sind ganz normale Verhaltensweisen während einer Depression. Auch wenn Eltern eine derartige Äußerung sehr verletzen kann, ist es in der Krankheitsphase umso wichtiger zu erkennen, dass das einfache psychologische Muster sind. Muster, die man an dieser Stelle nicht zu ernst nehmen sollte.

Auch wenn ich mich mehrmals wiederhole: Legen Sie das Gefühl der Schuld so rasch wie möglich ab. Machen Sie sich jeden Tag bewusst, dass dieses Gefühl niemandem hilft und dass die einzige Möglichkeit, die Sie jetzt haben, die ist, dass Sie jetzt richtig handeln. Egal wie schuldig Sie sich fühlen: Sie können die Vergangenheit nicht ändern. Und jede Sekunde, in der Sie über Ihre Schuld nachdenken, nehmen Sie sich die

Energie weg, die Sie benötigen, um jetzt etwas zu verbessern.

Also, haben wir einen Deal? Weg mit der Schuld! Blicken Sie in die Zukunft. Nutzen Sie Ihre Kraft und zeigen Sie dem Patienten, dass Sie da sind. Sie werden viel Kraft zurückbekommen, wenn es dem Patienten wieder besser gehen wird. Diese Dankbarkeit wird größer und stärker sein, als es sich die meisten Menschen vorstellen können. Und glauben Sie mir: Mit einer starken und intensiven Unterstützung während einer Depression haben Sie eine mögliche Schuld mehr als getilgt.

Zusammenfassung: Die Schuld an der Depressionserkrankung eines geliebten Menschen auf sich zu nehmen, ist nicht nur für Sie selbst schlecht, sondern auch für den Patienten. Selbst wenn Sie Fehler im Umgang mit dem Patienten gemacht haben, reichen diese nicht aus, um der (alleinige) Grund für eine Depression zu sein. Dafür spielen zu viele Faktoren mit (Denken Sie an das Modell der bio-psycho-sozialen Ursachen einer Depression). Befreien Sie sich von der Schuld und zeigen Sie dem Erkrankten Ihre Unterstützung. Das wiegt jegliche tatsächliche oder vermeintliche Schuld aus früheren Tagen auf und kann der Ausgangspunkt für eine noch intensivere und bessere Beziehung zum Patienten sein.

TIPP NR. 4: ZURÜCKWEISUNGEN VERSTEHEN UND AKZEPTIEREN

Im Laufe des Buches habe ich Ihnen schon einige Einblicke geben können, wie die Gedanken und Gefühle eines depressiven Menschen so ungefähr aussehen (können).

Die meisten Erkrankten kämpfen mit unheimlichen Angstgefühlen, die derart stark sind, dass der Betroffene irgendwann nicht mehr weiß, wovor er eigentlich Angst hat. Gleichzeitig spürt man eine unglaublich starke Apathie und ein tiefes Gefühl der Sinnlosigkeit. Diese Apathie täuscht eine innere Ruhe vor, die bei vielen depressiven Menschen in ihrem Inneren gar nicht vorhanden ist. Denn oftmals fühlt man sich wie ein Getriebener, der auf der Suche nach Lösungen eine geistige Achterbahnfahrt durchfährt, die scheinbar niemals endet.

Inmitten dieses Chaos manifestiert sich aber noch ein weiteres Phänomen. Die Gefühle zur Umwelt und zu Mitmenschen – auch zu Partnern und Eltern – werden oftmals betäubt. Ich denke, das liegt daran, dass dieser „Wirrwarr" im Kopf den Betroffenen überfordert und zur Ausblendung vieler Dinge führt, damit das Denken noch einigermaßen gewährleistet werden kann.

Für Sie als enger Angehöriger oder Freund ist diese Erkenntnis sehr wichtig. Es kann nämlich passieren, dass der Betroffene Sie nicht mehr richtig wahrnimmt. Und „wahrnehmen" ist genau das richtige Wort. Sie werden nämlich nicht ignoriert, sondern krankheitsbedingt „ausgeblendet".

Es kann aber noch schlimmer kommen, nämlich dass Sie sogar eine handfeste Zurückweisung erfahren. Diese Zurückweisung kann unterschiedliche Gründe haben. Es kann, muss aber nicht, die Überforderung sein. Es kann auch den Hintergrund haben, dass sich der Betroffene für seinen momentanen Zustand schämt.

Als ich meine erste depressive Episode hatte, bat ich meine Partnerin, die bis dahin seit zwei Wochen in jeder freien Minute bei mir im Krankenhaus gewesen war, dass sie mich einige Tage nicht besuchen solle. Sie war natürlich völlig verwundert und damit auch verunsichert. Ich habe lange Zeit selbst nicht verstanden, weshalb ich das gesagt hatte. Erst viel später war mir bewusst geworden, dass ich tief in mir drinnen die Sorge hatte, dass Sie mich verlassen könnte, weil ich gerade nicht „funktionierte" und scheinbar schwach war. In Wahrheit hatte sie keine Sekunde lang den Gedanken, mich zu verlassen. Aber Fakten zählen in den Untiefen einer Depression eben nicht.

Für Sie ist es aber umso wichtiger zu verstehen, dass die Zurückweisung eines depressiven Menschen keinerlei Aussagekraft über das Verhältnis zwischen dem Erkrankten und Ihnen hat. Sie werden nicht von der Person zurückgewiesen, sondern von der Krankheit oder zumindest von den Auswirkungen der Krankheit. Je stärker Sie sich das bewusst machen, umso leichter ist es zu verstehen und zu ertragen.

Vor allem: Zerbrechen Sie sich keinesfalls den Kopf über die Gründe dafür. Der Grund wird aus den Gedanken und Gefühlen des Erkrankten generiert und hat keinen logischen Hintergrund. Der Erkrankte wird, sobald die Genesung eingetreten ist, wohl nicht mehr genau wissen, weshalb er das gemacht hat. Aber viel wichtiger ist für Sie mit Sicherheit die Frage, wie man der Zurückweisung entgegnen kann.

Hierfür müssen Sie sich ansehen, wie intensiv die Zurückweisung ist. Wenn Sie nur eine zaghafte Ablehnung erfahren, dann ist die Wahrscheinlichkeit groß, dass der Depressive im Moment nur einen kleinen Schub hat, aber in Wahrheit Ihre Nähe sucht. Ich möchte aber gleich ergänzen, dass die Wahrscheinlichkeit hierfür eher klein ist.

Wenn es eine relativ deutliche Zurückweisung ist, dann können Sie im Moment aktiv nur sehr wenig tun. Was keinesfalls hilft ist, wenn Sie mit der „Brechstange“ vorgehen. Ein aktives überwinden der Zurückweisung Ihrerseits kann sehr leicht zu einer starken Blockade führen und dann können Sie unter Umständen gar nicht mehr zu Ihrem Angehörigen durchdringen.

In einer solchen Situation ist es am besten, wenn Sie der sprichwörtliche Fels in der Brandung sind. Das heißt, Sie gehen nur sehr vorsichtig aktiv auf den Patienten zu, zeigen ihm aber deutlich, dass Sie immer für ihn da sind.

Zum Beispiel mit Aussagen wie: „Ich verstehe, dass du jetzt Ruhe benötigst, aber ich bin jederzeit für dich da, wenn du das brauchst“. Sie können zwischendurch auch eine SMS mit ähnlichem Inhalt versenden. Hier müssen Sie ein wenig auf Ihr Bauchgefühl hören. Als es mir sehr schlecht ging, hatte ich auch eine Phase, in der ich meine Mutter bzw. meine Eltern nicht sehen wollte. Es war mir peinlich, dass es mir so schlecht ging. Ich habe mich in gewisser Weise geschämt. Und ich habe mir eingebildet, dass sie die Erwartungshaltung hätten, dass es mir so schnell wie möglich besser gehen sollte. Das war mir zu viel. Meine Mutter hat dann eine geniale Strategie angewendet. Sie hat mir jeden Tag eine Postkarte mit aufmunternden Botschaften ins Krankenhaus und später nach Hause gesendet. Somit wusste ich, dass sie an mich denkt und ich jederzeit zu ihr kommen kann bzw. mich melden kann. Aber die Postkarten haben keine aktive Handlung von mir gefordert oder besser gesagt: Ich wurde von ihnen nicht bedrängt. Betroffene stehen unter großem Druck, der von außen nicht erkennbar ist. Jeder zusätzliche Druck und jedes Bedrängen lösen ganz leicht eine komplette

Abwehrhaltung aus.

Es gibt aber eine Ausnahme: Wenn der Patient gerade noch sehr tief in der Depression steckt und außer Ihnen keine Bezugsperson hat, mit der er sich austauschen kann (sofern er nicht im Krankenhaus ist), dann sollten Sie rasch handeln. Es könnte auch eine Suizidgefahr bestehen. Dann sollten Sie mit dem Patienten dringend zum Arzt gehen und in jedem Fall die Zurückweisung durchbrechen. Wenn sich der Patient allerdings wieder in der Phase der Besserung bzw. Gesundung befindet, so ist eine Zurückweisung im Sinne von „Ich möchte ein wenig Zeit für mich" nicht mehr bedenklich. In dieser Phase orientieren sich Depressionspatienten wieder neu. Das ist auch wichtig, denn man sollte aus der Krankheit etwas lernen und vielleicht einige Dinge ändern. Und das benötigt Zeit und eine gewisse Ruhe. Diese Zeit sollten Sie dem Betroffenen auch geben. Wie schnell das geht, ist schwer abzuschätzen.

Diese Phase ist besonders hart für einen Partner, denn dann taucht immer wieder folgender Gedanke auf: Vielleicht will der Betroffene mich nicht mehr. Und hier kann ich Sie, sofern Sie der Partner eines Patienten sind, leider nicht trösten. Es besteht durchaus die Möglichkeit, dass der Betroffene einen klaren Wandel in seinem Leben vorhat und diesen auch durchziehen wird. Darauf haben Sie wenig Einfluss. Das muss er mit sich selbst ausmachen. In gewisser Weise kann ich Sie aber auch beruhigen. Es ist, so zumindest meine Erfahrung, eher selten, dass ein Depressionspatient in der Neuorientierungsphase seine Beziehung komplett in Frage stellt. Vor allem, wenn Sie den Partner geduldig begleitet haben, ist es sogar sehr wahrscheinlich, dass der gemeinsame Kampf gegen die Krankheit die

Beziehung intensiviert. Sehr häufig betreffen die Veränderungen eher den Arbeitsplatz und/oder andere Lebensbereiche (z.B. Freundeskreis, Verhaltensmuster etc.).

Zusammenfassung: Zurückweisungen sind während einer Depression nicht unüblich. Es gibt unterschiedliche Gründe: Einerseits kann es die Scham eines Betroffenen sein, andererseits aber auch die Überforderung und das Bedürfnis, alleine zu sein. Sie können diese Zurückweisung nicht mit Gewalt durchbrechen. Seien Sie der Fels in der Brandung und immer für den Angehörigen da, und Sie werden sehen, dass der Erkrankte den Weg zurück von alleine findet.

TIPP NR. 5: WEINEN IST GUT

Besonders belastend ist es für Angehörige, wenn der Depressionspatient weint oder zumindest sichtbar und spürbar ist, wie die Person mit der Traurigkeit kämpft.

Mein Umfeld war jedenfalls in Phasen, in denen ich geweint habe, meist geschockt, denn ich war (bin) ja immerhin ein Erwachsener. Ein Erwachsener mit einem sogar sehr anspruchsvollen Job, der die meisten Herausforderungen als Entscheidungsträger mit Bravour bewältigen konnte. Jemand, der nach außen hin selbstbewusst und stark auftrat. Und diese Person stand plötzlich im Garten seiner Eltern und konnte nicht mehr aufhören zu weinen, noch dazu ohne ersichtlichen Grund. Für meine Eltern war dieser Anblick eine absolute Katastrophe. An diesen Punkten waren sie richtig hilflos. Man hat gesehen, dass sie dastanden und an diesem Punkt wohl noch ratloser als ich waren. Was im Übrigen kein Wunder war.

Als Betroffener kann ich Ihnen aber sagen: Wenn

der Patient weint, ist es gut! Und zwar selbst wenn der depressive Mensch es in dem Moment (noch) nicht realisiert. Lassen Sie den Patienten nicht nur weinen, sondern begleiten Sie ihn bewusst in solche Phasen. Sagen Sie ihm oder ihr, dass es okay, normal und ein Teil der Erkrankung ist. Lassen Sie sich nicht von der Traurigkeit anstecken und machen Sie sich in jeder Sekunde bewusst, dass es nicht nur ein Teil der Erkrankung ist, sondern dass das Weinen auch ein gutes Ventil ist, um den überschüssigen Druck, der sich im Innersten des Patienten aufgebaut hat, loszuwerden.

Unterbinden Sie das Weinen nicht, sondern unterstützen Sie es sogar bis zu einem gewissen Grad. Natürlich soll es nicht dazu führen, dass Sie Ihren Angehörigen mit allen Mitteln dazu bringen, dass er ständig weint. Aber hören Sie zu und versuchen Sie den Patienten dabei zu unterstützen, bei einem Weinkrampf so viele negative Gedanken und Ängste wie möglich rauszulassen. Sie können in solchen Momenten auch versuchen, behutsam aber doch, die konkreten Angstthemen des Patienten anzusprechen. Wie gesagt: Vorsichtig! Es soll nicht zu einem enormen Hochschaukeln kommen. Aber Sie können zum Beispiel nachfragen: „Hast du Angst, dass du deinen Job verlierst?“ oder „Hast du Angst, dass dich deine Frau verlässt?“. Sprechen Sie die Ängste ruhig konkret an. Der Erkrankte wird dann kurzfristig vielleicht sogar noch mehr weinen. Aber das ist gut so.

Wichtig ist: Unterstützen Sie auch sanft das „Ende“ des Weinkrampfes. Und zwar gefühlvoll. Sie können, wenn Sie merken, dass sich der Patient quasi „ausgeweint“ hat, eine konkrete Tätigkeit vorschlagen oder behutsam andere Themen, ansprechen. Dazu eignen sich vor allem ganz praktische Dinge, wie zum

Beispiel die nächste Mahlzeit („Wollen wir vielleicht etwas essen?"), ein Sportevent (Hast Du das letzte Spiel vom FC Bayern München gesehen?), oder die neuesten Nachrichten aus den Klatschspalten der Presse.

Ich persönlich halte es für viel bedenklicher, wenn der Patient nicht weint. Denn das bedeutet auch, dass er oder sie vermutlich kein Ventil hat, um seine tiefgehende Traurigkeit rauszulassen. In solchen Fällen ist es umso wichtiger, dass der Patient einen Psychotherapeuten besucht.

Sollte Ihr Angehöriger sich schwertun, vor Ihnen zu weinen, dann helfen vielleicht Gespräche mit anderen Personen. Der Klassiker ist der beste Freund bzw. die beste Freundin. In jedem Fall sollten diese Personen sich mit dem Patienten so oft wie möglich treffen. Denn Depressionspatienten benötigen ein Ventil, um ihr Chaos an Gedanken und Gefühlen teilen zu können.

Wenn Sie ein Elternteil sind, so müssen Sie sich aber keine Gedanken machen, wenn Ihr Kind sich Ihnen gegenüber nicht so gut öffnen kann. Es ist völlig normal, dass man z.B. der besten Freundin/dem besten Freund mehr anvertraut als den Eltern. Das ist kein Zeichen der mangelnden emotionalen Bindung, sondern sehr natürlich.

Zusammenfassung: Weinen ist gut und soll gar nicht unterbunden werden, sondern sogar – in moderatem Ausmaß – unterstützt werden. Lassen Sie sich davon aber nicht mitreißen und verfallen Sie nicht selbst in Traurigkeit. Machen Sie sich bewusst: Das ist Teil der Erkrankung und völlig normal. Der Patient braucht von Zeit zu Zeit ein Ventil, um den großen Druck loszuwerden.

TIPP NR. 6: REDEN SIE MIT DEM PATIENTEN! ABER BITTE „RICHTIG"!

Abgesehen davon, dass der Patient begleitend eine Psychotherapie machen sollte, ist es wichtig, dass er auch mit Ihnen über seine Gedanken und Gefühle sprechen kann.

Menschen reagieren in depressiven Phasen sehr unterschiedlich. Viele wollen permanent reden, um alles Belastende loswerden zu können. Es gibt aber auch Patienten, die sich komplett in sich zurückziehen und überhaupt nicht reden wollen. Dies sind die Ausprägungen, die sich bei Erkrankten finden. Wobei ich die Erfahrung gemacht habe, dass im Grunde jeder reden möchte. Nur können es manche und manche eben nicht. Wir halten also fest, was ohnehin glasklar ist: Reden tut jedem Menschen und besonders Depressionspatienten gut.

Was kann man aber tun, wenn ein Erkrankter nicht sprechen will? Sie können sehr wenig tun und doch sehr viel. Der wichtigste Leitsatz ist: Das Tempo bestimmt der Erkrankte selbst. Sie können den Betroffenen nicht dazu zwingen, zu reden. Selbst wenn er das massive Bedürfnis hat, sich mitzuteilen, gibt es Phasen, in denen er das nicht kann.

Einen Depressiven, der nicht sprechen möchte, können Sie jedenfalls nicht mit Sätzen wie: „Lass uns doch reden" oder „Du musst doch über deine Probleme reden" überzeugen. Der Erkrankte ist voll und ganz mit sich beschäftigt und auch überfordert.

Viel besser ist es, Angebote zu schaffen. Der Klassiker ist: „Wenn du reden möchtest, kannst du das jederzeit". Passend ist auch: „Ich höre dir gerne zu, wenn du mal das Bedürfnis hast, zu reden". Sie können außerdem auch versuchen, Aktivitäten vorzuschlagen, die es erleichtern, in ein Gespräch zu kommen. Dazu aber später mehr.

Am besten ist es, wenn Sie dem Patienten zeigen, dass Sie ernsthaftes Verständnis für dessen Erkrankung haben und öfter nachfragen. Viele Menschen, die diese Krankheit durchleiden, schämen sich dafür. Manche mehr und manche weniger. Wenn Sie dem Betroffenen aber zeigen, dass Sie sich informiert haben und dass diese Krankheit stark verbreitet ist und eigentlich ganz normal ist, können Sie dem Patienten zeigen, dass er sich nicht schämen muss und vor allem, dass Sie ihn verstehen und sich für seine Probleme interessieren.

Was mir persönlich sehr geholfen hat, war eine Liste prominenter und erfolgreicher Personen, die unter schweren Depressionen leiden oder litten. Depressive fühlen sich oftmals als Versager. Aber was, wenn ein nachweislich erfolgreicher Mensch auch Depressionen hat/hatte? Mit dieser Erkenntnis kann dieses Denkschema ganz gut unterbrochen und aufgelöst werden. Es fühlt sich besser an, kein Versager zu sein. Diese Liste hatte übrigens eine gute Freundin als Icebreaker verwendet. Sie hat mir diese Liste gezeigt und mir damit indirekt signalisiert: Ich habe mich über deine Krankheit informiert - schau mal diese lange Liste von erfolgreichen Menschen an und du wirst sehen, dass du kein Versager bist. Als kleine Hilfestellung für Sie hier eine kurze Auswahl bekannter und berühmter Depressionspatienten: Winston Churchill (ehemaliger britischer Premierminister), Buzz Aldrin (der zweite Mann auf dem Mond), Joanne K. Rowling (Autorin von Harry Potter), Sebastian Deisler (ehemaliger deutscher Fußball-Nationalspieler), Halle Berry (US-amerikanische Schauspielern), Lady Gaga (Sängerin), und viele mehr.

Um einem depressiven Menschen das Reden zu erleichtern, gibt es auch noch andere Strategien. Besonders effektiv ist es, wenn Sie gemeinsam mit dem Patienten etwas unternehmen. Das gestaltet sich nicht immer so einfach. Denn gerade während einer Depression hat der Mensch wenig Lust auf Unternehmungen. Besonders effektiv sind aus meiner Erfahrung Spaziergänge in der Natur. Am besten an Orten, die sehr ruhig sind und wo keine bis maximal sehr wenige Menschen sind. Machen Sie sich trotzdem nochmals bewusst: Sie können und sollen ein Gespräch bzw. die Öffnung des Patienten nicht erzwingen.

Wie aber verhält man sich, wenn man wirklich in ein Gespräch kommt?

Es gibt einen klassischen Fehler, den fast alle Angehörigen und engen Freunde von Depressionspatienten machen. Man glaubt, es helfe, wenn man den Depressiven motiviert. Die Extremvariante ist: „Reiß dich zusammen, dann schaffst du es". Glauben Sie mir: Das hilft nicht und bringt Sie keinen Schritt weiter. Es gibt zu diesen Varianten auch viele abgeschwächte Aussagen, die leider genau denselben negativen Effekt haben. Eine kleine Auswahl gefällig?

„Kämpfe dagegen" oder „Kämpfen wir dagegen". „Komm schon, du schaffst das", „Du musst dich ein wenig bemühen" oder „Lass dich nicht hängen".

Diese Aufzählung könnte ich jetzt unendlich weiterführen. Dahinter steht der Gedanke, dass ein depressiver Mensch seine Situation von selbst wieder verbessern kann oder zumindest ganz maßgeblich durch die eigene Willenskraft in der Lage ist, seine Situation zu verbessern. Stellen Sie sich vor, Sie brechen sich ein Bein. Denken Sie, dass Sie dann wieder gesund werden, wenn Sie sich zusammenreißen? Nein. Mit Sicherheit nicht. Mit solchen oder ähnlichen Aussagen erreichen Sie nur das Gegenteil. Wenngleich ich ergänzen muss, dass natürlich im Verlauf einer Therapie irgendwann aufgrund der sich erholenden Kräfte ein gewisser Wille des Patienten notwendig ist, damit er sich wieder ganz aus seinem „Sumpf“ ziehen kann. Aber diese Mechanismen kann der Psychotherapeut oder Arzt deutlich besser in Gang setzen.

Ich bin mir sicher, dass ich Ihnen hier kein großes Geheimnis verrate und Sie sich schon gedacht haben, dass Druck kontraproduktiv sein kann. Mir ist es aber wichtig, dass Sie verstehen, dass auch ganz dezente Aussagen, selbst wenn Sie noch so liebevoll verpackt sind, nur zu einer inneren Abwehr des Patienten führen. Es bringt Sie keinen Schritt weiter.

Was aber hilft?

Am allerbesten ist es, dem Patienten einfach zuzuhören und vor allem nachzufragen. Es reicht, wenn Sie versuchen zu verstehen, was den geliebten Menschen bedrückt. Der Patient will im Normalfall keine klugen Lösungen von Ihnen hören bzw. selbst, wenn er sie hören wollen würde, wäre er nicht in der Lage, diese Lösungen umzusetzen.

Sie müssen verstehen, dass ein depressiver Mensch nicht so denkt wie Sie. Er hat höchstwahrscheinlich noch keine Kraft und ist gar nicht in der Lage, Lösungen umzusetzen.

Hören Sie zu und interessieren Sie sich für die Gedankengänge des Erkrankten. Widersprechen Sie dem Patienten nicht. Erklären Sie ihm keinesfalls, dass er komplett falschliegt, selbst wenn das, was er sagt, schlicht und einfach nicht stimmt. Hören Sie einfach zu.

Es gibt aber eine Ausnahme: Nämlich, wenn der Patient beginnt, seine eigenen Lösungen zu präsentieren, die sein Leben sofort und radikal ändern sollen. In einer Depression trifft der Mensch meist falsche Entscheidungen. Vereinfacht gesagt; die Alarmglocken sollten läuten, wenn der Patient eine Lösung präsentiert bzw. eine Lebensänderung vorhat, die er im gesunden Zustand niemals umsetzen würde. Wenn dies passiert, sollten Sie mäßigend einwirken. An dieser Stelle ist es wichtig, dem Betroffenen sanft zu erklären, dass es gut wäre, erst die Genesung zu erreichen und dann die Pläne umzusetzen. Dies ist sehr wichtig und deshalb sollten Sie besonders den Tipp Nr. 9 Nichts verändern sorgsam durchlesen.

Zusammenfassung: Zwingen Sie den Erkrankten nicht zum Reden, sondern schaffen Sie Angebote und warten Sie, bis der Erkrankte von selbst beginnt, sich zu öffnen. Präsentieren Sie keine eigene Lösung. Das überfordert den Patienten. Gehen Sie im Tempo des Erkrankten. Er kann im Moment nicht rational denken, weil er viel zu sehr mit sich selbst beschäftigt ist. Informieren Sie sich über die Erkrankung und signalisieren Sie, dass Sie verstehen, was er durchmacht. Sanft eingreifen, wenn der Erkrankte beginnt, Lösungen zu präsentieren, die er im gesunden Zustand nie erwägen würde.

TIPP NR. 7: KEINE VORWÜRFE!

Ich habe lange überlegt, ob ich Tipp Nr. 7 nicht einfach in Tipp Nr. 6 (Reden) einfließen sollte. Ich habe mich aber letztlich dazu entschlossen, das Thema „Keine Vorwürfe“ als eigenen Punkt zu behandeln, und zwar aus mehreren Gründen. Der wichtigste Grund:

Vorwürfe sind Ausdruck höchster Emotion und können meist nicht durch eine einfache Anleitung verhindert werden. Deshalb ist es umso wichtiger, ganz gezielt eine Sensibilität herzustellen und ein intensives Bewusstsein für die schädlichen Auswirkungen von Vorwürfen zu entwickeln.

Sie sind in der aktuellen Situation des erkrankten Angehörigen sehr gefordert. Sie gehen selbst oft an Ihre Grenzen und es ist eine Herkulesaufgabe, eine derartige Lebensphase gut zu überstehen. Diese Situation lässt Ihren Stresspegel permanent auf einem hohen Niveau verweilen. Zusätzlich plagt Sie die Sorge um den Betroffenen und die meisten engen Angehörigen oder Freunde kommen irgendwann an den Punkt, dass Sie den Druck selbst kaum mehr aushalten.

Das kann dazu führen, dass man Schuldige sucht. Und einem (vermeintlich) schuldigen Menschen macht man leicht Vorwürfe. Ich bin mir sicher, dass niemand einem nahestehenden Menschen während dessen depressiver Episode absichtlich Vorwürfe macht. Aber das ist leider manchmal ein unkontrollierbarer Impuls, der dazu dient, Dampf abzulassen. Im Alltag ist dieser Impuls durchaus befreiend, sinnvoll und nicht immer schlecht; zumindest solange der Impuls irgendwann in eine konstruktive Diskussion übergeht.

Das Problem ist: Wenn Sie einem depressiven Menschen (heftige) Vorwürfe machen, dann besteht die große Gefahr, dass Sie das Vertrauen dieses Menschen vollkommen verlieren. Es ist nicht unwahrscheinlich, dass sich der Erkrankte vollkommen von Ihnen abwendet - unter Umständen sogar für sehr lange Zeit.

Der Betroffene selbst kämpft bereits mit Schuldgefühlen und Versagensängsten bzw. er hält sich selbst für sehr fehlerhaft. Das ist ein nicht unwesentlicher Teil der Depressionserkrankung. Außerdem - wie ich vorhin schon erläutert habe - zerbrechen sich die meisten Betroffenen ohnehin immer wieder den Kopf darüber, dass Sie ihre nächsten Angehörigen mit ihrer Erkrankung belasten. Wenn Sie das noch verstärken, können Sie sich leicht ausmalen, wie es in dem Kopf des Betroffenen aussieht, der ohnehin von einer Vielzahl an (negativen) Gedanken und Emotionen gemartert wird.

Leider ist ein Impuls ein Impuls und kann eben nicht immer kontrolliert werden. Deshalb kommt es aufgrund der Überforderung (und ausnahmslos alle Angehörigen von Menschen mit einer zumindest mittelschweren Depression sind phasenweise überfordert) oft trotzdem dazu, dass man die falschen Worte wählt. Sie werden, vor allem wenn die Erkrankung und die Tiefphasen länger anhalten, irgendwann mal eine unvorteilhafte Formulierung von sich geben. Deshalb versuche ich Ihnen hier eine Exit-Strategie mitzugeben.

Wie also kann man so eine Situation retten?

Wenn Ihnen also ein Ausrutscher passiert ist, Sie dem Patienten Vorwürfe gemacht haben und noch dazu merken, dass Sie ihn verletzt haben oder er sich innerlich zurückzieht, dann rate ich Ihnen dringend dazu, zu lügen.

Ja, lügen! Der Betroffene muss das Gefühl bekommen, dass der Grund für Ihren Vorwurf nicht er (bzw. er und seine Krankheit) ist, sondern dass irgendein Ereignis rund um Sie dazu geführt hat, dass Sie die Beherrschung verloren haben und den Ärger an der falschen Person ausgelassen haben. Zu lügen ist natürlich nicht die feine englische Art, aber unser Ziel ist ja, den Betroffenen zu unterstützen und vor allem den Draht zu ihm nicht zu verlieren. Wenn Sie also die Beherrschung verloren haben, dann suchen Sie eine Ausrede dafür. Sie können beispielsweise argumentieren, dass Sie einen harten Tag in Ihrem Beruf hatten, sehr angespannt waren und deshalb so reagiert haben. Oder es gab eine Begebenheit in Ihrem privaten Umfeld, die Sie derart verärgert oder gestresst hat, dass Sie diesen Stress fälschlicherweise am Betroffenen ausgelassen haben.

Wichtig ist: Sie müssen einen sehr guten Grund haben und alles, was Sie gesagt haben, direkt auf diesen Grund schieben. Geben Sie dem Erkrankten das Gefühl, dass Sie einfach einen schlechten Tag hatten. Und sorgen Sie dafür, dass er nicht im Geringsten das Gefühl bekommt, dass Ihre Reaktion mit seiner Erkrankung zu tun hat.

Im Idealfall sollte Ihnen aber kein Vorwurf über die Lippen kommen. Und vor allem kein Vorwurf, der sich auf die Krankheit bezieht. Klassiker sind sinngemäße Aussagen wie: „Reiß dich zusammen", „Du strengst dich nicht genug an" oder „Du machst es mir nicht leicht". Aber auch periphere Vorwürfe, die sich nicht unbedingt direkt auf die Krankheit beziehen, sind zu vermeiden. Streichen Sie gewisse Formulierungen schon jetzt prophylaktisch aus Ihrem Wortschatz. Machen Sie sich immer wieder bewusst: Im Kopf des Depressiven herrscht Krieg. Eine Vielzahl an Gedanken und Gefühlen schwirrt in dessen Kopf herum. Darunter neben Schuldgefühlen und Selbstvorwürfen auch viele Ängste. Wenn nun auch noch von außen Druck dazukommt, dann geht gar nichts mehr. Der Betroffene ist nicht zu schwach, sondern er kann im Moment nicht anders agieren, denn er ist krank. Wenn Sie kurz vorm Explodieren sind, weil Sie eine Situation an Ihre Grenzen bringt, gehen Sie ruhig aus dem Raum oder gönnen Sie sich einen kurzen Spaziergang und denken Sie daran, dass der Erkrankte die Dinge die er getan hat nicht böse gemeint hat. Sollte hinter Ihren (potenziellen) Vorwürfen vielleicht ein schon länger andauerndes, tiefer liegendes Problem liegen, dann kann ich Ihnen nur raten, eine mögliche Aussprache nicht jetzt anzustreben. Warten Sie bitte, bis der Patient wieder gesund sein wird. Denn wenn Sie während der Erkrankung versuchen, gröbere zwischenmenschliche Probleme, die zwischen Ihnen und Ihrem Angehörigen/Freund bestehen, zu lösen, werden Sie keinen Erfolg haben. Vielmehr besteht die Gefahr, das Vertrauen des Betroffenen ganz zu verlieren.

Zusammenfassung: Jeder Vorwurf ist emotionales Gift für den Patienten. Vermeiden Sie jede Formulierung, die auch nur im Ansatz als Vorwurf verstanden werden könnte. Wenn Ihnen versehentlich doch einmal ein Vorwurf über die Lippen kommen sollte, dann finden Sie einen guten Grund dafür. Behaupten Sie, dass Sie die Beherrschung verloren haben, weil Sie z.B. einen schlimmen Tag im Job hatten, oder dass sonst irgendein Ereignis eintrat, das Sie aus der Bahn geworfen hat. Der Betroffene muss das Gefühl haben, dass Ihr „Fehlverhalten" wirklich nichts mit ihm zu tun hat. Sie können den Patienten mit einem Vorwurf sehr verletzen und sein Vertrauen womöglich ganz verlieren.

TIPP NR. 8: LASSEN SIE DEN ERKRANKTEN NICHT ALLEIN

Während schwerer depressiver Episoden war die Angst davor, allein zu sein, am allerschlimmsten für mich – und das wird Ihnen jeder Akutpatient sagen. Das meine ich jetzt nicht im übertragenen Sinne, sondern in dem Sinne, dass jemand vor Ort bei mir oder in meiner Nähe war.

Es ist oft für den Erkrankten eine sehr paradoxe Situation. Man möchte oftmals nicht reden. Man ist in sich gekehrt und möchte irgendwie mit sich und seinen Gedanken allein sein. Andererseits benötigt man jemanden in seiner Nähe, der im Notfall da ist, wenn man etwas braucht.

Bei mir war dieses Paradoxon in einer meiner Krankheitsphasen besonders ausgeprägt und da ergab sich auch eine lustige Situation (über die ich damals natürlich nicht lachen konnte). Ich war gerade in einer depressiven Phase (noch vor meinem Krankenhausaufenthalt), meine Lebensgefährtin musste arbeiten und es hatte aufgrund dummer Zufälle niemand aus meinem engeren Umfeld Zeit, um ein paar Stunden bei mir sein zu können. Schließlich fand sich dann aber doch eine Bekannte, die sich bereit erklärte, bei mir zu bleiben, bis meine damalige Lebensgefährtin wieder zurück war. Ich hatte für diesen Tag eingeplant, zu baden. Hier ist zu ergänzen, dass während einer schweren Depression auch die Körperpflege (aufgrund mangelnder Kraft) zu kurz kommt. Und da ich grundsätzlich ein sehr reinlicher Mensch bin, konnte ich nicht mehr warten und wollte ein Bad nehmen. Nun kam das große Problem. Ich wollte baden, hielt es in dieser schwierigen Phase aber nicht aus, mehr als ein paar Minuten alleine zu sein. Es endete damit, dass meine Bekannte im Badezimmer war, als ich badete, obwohl unser Verhältnis nicht sehr nahe war. Ich hatte Glück, dass Sie ein Mensch mit viel Feingefühl war und diese Situation gut gemeistert hat. Ergänzen muss ich noch: Wir haben kaum gesprochen. Ich wollte nur nicht alleine sein.

Also: Auch wenn Ihr Angehöriger nicht reden möchte. Auch wenn er oder sie vielleicht allein in einem Zimmer sein möchte. Es ist wichtig, dass zumindest im Haus, der Wohnung oder in unmittelbarer Nachbarschaft jemand greifbar ist und/oder in relativ kurzer Zeit verfügbar sein kann. Sofern der Patient nicht ohnehin im Krankenhaus liegt und unter Betreuung steht, sollten Sie sicherstellen, dass immer oder so oft wie möglich eine Vertrauensperson da ist.

Selbst wenn der Patient klar kommuniziert, dass er allein sein möchte, heißt das nicht, dass er im Unterbewusstsein nicht jemanden benötigt, der kurzfristig da sein kann. Gerade in akuten Phasen tritt dieses Paradoxon auf.

Der Hintergrund ist ganz einfach erklärt. Der Patient fühlt sich schwach und muss sich mit seinen Gedanken und seinen Ängsten beschäftigen. Dafür benötigt er Ruhe. Andererseits hat er ein hohes Sicherheitsbedürfnis und das ist gegeben, wenn im Notfall immer jemand kurzfristig verfügbar sein kann. Dass dies im Alltag nicht immer so einfach umsetzbar ist, versteht sich von selbst. Das ist ein wichtiges Spezifikum dieser Krankheit. Auch wenn der Erkrankte sich scheinbar ablehnend verhält, hat er ein hohes Sicherheitsbedürfnis. Dieses Sicherheitsbedürfnis können Sie abdecken, indem Sie vor Ort sind.

Um eine derartige Situation zu meistern, ist es ratsam, dass Sie mit anderen Angehörigen und

Freunden versuchen, eine Art Betreuungsplan zu erstellen. Dieser Plan sollte zumindest die theoretische Möglichkeit vorsehen, dass immer jemand aus dieser Runde für den Patienten physisch da sein kann.

Dies ist relativ einfach, wenn der Patient mit anderen Menschen zusammenlebt. Schwieriger ist es, wenn er allein lebt und noch dazu der Großteil seines sozialen Umfelds weit weg lebt. In diesem Fall ist abzuwägen, wie schwerwiegend die Depression ist. Wenn der Patient wirklich in einem sehr schlechten Zustand ist, sollte eine Aufnahme in einem Krankenhaus (wenn nicht ohnehin schon geplant) angedacht werden, denn dort wird der Patient rund um die Uhr betreut. Wenn die Ausprägung der Depression noch relativ gering ist, können regelmäßige Telefonate helfen.

Sie müssen aber verstehen, dass ich mit regelmäßigen Telefonaten nicht das meine, was Sie jetzt unterbewusst verstanden haben. Ein Telefonat mit einem Depressiven – vor allem, wenn er noch sehr mit sich beschäftigt ist – ist nicht mit einem Telefonat zwischen gesunden Menschen vergleichbar. Der Patient wird am Telefon (bzw. grundsätzlich) nicht reden wollen. Das Telefonat wird vielleicht nach zwei bis drei Sätzen beendet sein. Und das ist auch okay so.

Der Sinn und Zweck des Telefonats ist nicht der, dass man Informationen austauscht. Der Sinn liegt darin, dass der Betroffene spürt, dass jemand da ist, der im Notfall reagieren kann, wenn er etwas braucht.

An dieser Stelle möchte ich noch etwas zu meinen Erfahrungen aus 2 stationären Klinikaufenthalten sagen. Für viele ist die Vorstellung einer psychiatrischen Behandlung in einem Krankenhaus nicht sehr beruhigend. Ich kann aber nur Positives berichten. Die Tatsache, von Menschen umgeben zu sein, die genau wissen, was ein Depressionspatient benötigt, hat mir sehr viel Sicherheit gegeben. Der wichtigste Effekt ist aber, dass man mit Patienten beisammen ist, die das gleiche Problem haben wie man selbst. Man kann sich austauschen und gegenseitig unterstützen. Vor allem aber ist man abgeschirmt vom Alltag und kann sich wirklich auf die eigene Genesung konzentrieren. Ich kann jedem mit einer schwerwiegenderen depressiven Episode nur empfehlen, das stationäre medizinische Angebot zu nutzen.

Vor allem im deutschsprachigen Raum haben wir – Gott sei Dank – eine sehr hohe Qualität, was die psychiatrische Behandlung betrifft. Wenn Ihr Angehöriger also stationär aufgenommen werden muss, dann können Sie sicher sein, dass er in guten Händen ist. Der Aufenthalt wird ihm guttun.

Zusammenfassung: Sofern der Patient nicht ohnehin stationär aufgenommen ist und somit eine 24-Stunden-Betreuung erhält, sollten Sie den Patienten möglichst wenig allein lassen. Das heißt nicht, dass Sie im gleichen Zimmer oder Haus sein müssen. Manchmal reicht es, quasi „in der Nähe“ zu sein bzw. rasch verfügbar zu sein. Sie können diese Notwendigkeit auch mittels eines Betreuungsplans mit anderen Angehörigen und Freunden abdecken. Wenn der Betroffene allein lebt und Sie bzw. auch der Rest seines sozialen Umfelds relativ weit weg wohnt, können Sie dies auch mittels regelmäßiger Telefonate abdecken.

TIPP NR. 9: NICHTS VERÄNDERN

Diese Regel benötigt ein wenig Erklärung. Was heißt das: Nichts verändern? Eine Veränderung ist relativ. Es kann bedeuten, dass ich eine Diät beginne und meine

Ernährungsgewohnheiten ändere, aber auch, dass ich in ein anderes Land ziehe und meinen Job wechsle.

Wenn ich hier erkläre, dass der Patient nichts verändern sollte, dann spreche ich natürlich von größeren Veränderungen. Von Veränderungen, die eine der Grundsäulen der menschlichen Existenz betreffen, wie zum Beispiel: Beruf, Familie bzw. Partner, Wohnort etc. Vor allem spreche ich von Veränderungen, die der depressive Mensch in gesundem Zustand nie anstreben würde oder es zumindest in einer ganz anderen Form tun würde.

Wie ich schon zu Beginn dieses Buches erläutert habe, kämpfen die meisten Betroffenen während einer Depression mit immensen Angstgefühlen. Sie können nicht mehr klar denken. Und in dieser Situation versucht man einzig und allein seine Angst zu verringern bzw. seine emotionale Situation zu stabilisieren. Man identifiziert ein Problem, (und zwar meist eines, das eigentlich gar nicht das wirkliche Problem ist) das für die Krankheit verantwortlich gemacht wird, und versucht dann einfache und vor allem schnelle Lösungen zu finden, die als einzigen Zweck haben, die Angst und den Druck zu verringern. Das geht meist damit einher, dass man viele Veränderungen plant (auch wenn man meist nicht die Kraft hat, diese umzusetzen), um den Problemen (vermeintlich) zu entgehen. So gibt es z.B. Menschen, die den Job kündigen, weil Sie sich überfordert fühlen. Manche verlassen ihren Partner oder möchten den Partner, sofern vorhanden, sofort heiraten (um Sicherheit in einer Ehe zu finden). Manche suchen sich gerade in dieser Situation einen Menschen und gehen eine Beziehung mit jemandem ein, der ihnen (vermeintlich) Sicherheit gibt.

Ich habe im Laufe meiner Erkrankungen auch einen Mann kennengelernt, der gerade in die Genesungsphase gekommen ist. Er hat nach kürzester Zeit eine Frau getroffen und hat kurz danach bereits überlegt, mit ihr zusammenzuziehen. Gott sei Dank hat er das nicht getan. Es hat sich herausgestellt, dass diese Frau eine Betrügerin war. Er hat sich in diese Liaison hineingestürzt, um Sicherheit in dieser Beziehung zu finden.

Bei mir war es so, dass ich das Gefühl hatte, dass mein herausfordernder Job die Hauptursache meiner Depression war. Daher dachte ich, dass die richtige Lösung wäre, einen anderen, ganz einfachen Job anzunehmen. Das ging sogar so weit, dass ich mir dachte, es wäre nett, wenn ich z.B. irgendwo als Mitarbeiter bei der Müllentsorgung (Ja, Mülltonnen auf den Müllwagen hieven!) arbeiten könnte, denn da hätte man keinen Stress. Abgesehen davon, dass das so nicht stimmt, wäre diese Lösung für mich eine Katastrophe gewesen. Denn im Grunde habe ich meinen Job geliebt und den Stress sogar ein wenig gebraucht. Ich wäre als Müllmann völlig unglücklich geworden. Lösung Nummer zwei betraf meine Beziehung. Ich wollte meine Partnerin sofort heiraten. Und zwar in diesem Moment nicht aus Liebe, sondern weil ich der Illusion verfallen war, dass ich dann sicher wäre und sie mich nie verlassen würde. Nun ist eine Heirat per se nichts Schlechtes, aber der Zeitpunkt war definitiv nicht der richtige. Ich handelte nicht aus Überzeugung, um meine Wünsche und Ziele zu erreichen, sondern einzig und allein aus der Angst heraus. Und glauben Sie mir: Angst ist der schlechteste Ratgeber, wenn es um die Zukunftsplanung geht.

Was ich jetzt sage, soll keinesfalls zu einem

Missverständnis führen. Natürlich gibt es Veränderungen, die unter Umständen nötig sind. Aber wenn Sie das Gefühl haben, dass der Patient diese Lebensveränderungen (Job, Partnerschaft, Wohnort etc.) im vollkommen gesunden Zustand nicht machen würde, dann ist es sinnvoll, ihn – zumindest vorerst - zu stoppen. In jedem Fall ist es wichtig, dass der Patient wesentliche Lebensentscheidungen erst dann wieder trifft, wenn er völlig gesund sein wird und sein Leben wieder selbst in die Hand nehmen wird können.

Es ist natürlich gar nicht so einfach, einen Menschen davon abzuhalten, Veränderungen umzusetzen. Hier gibt es auch kein Patentrezept. Was bei mir allerdings sehr gut geholfen hat war der Hinweis, dass ich zuerst versuchen sollte, gesund zu werden, und erst dann meine neuen Pläne umsetzen sollte. Mein Umfeld und meine Ärzte haben mir nicht aktiv gesagt: „Das ist eine schlechte Entscheidung und du solltest das nicht tun“. Kein einziges Wort wurde in diese Richtung verloren. Und diese Vorgehensweise macht Sinn. Jeder Gegendruck führt bei einem Depressionspatienten sehr leicht zu einer – unerwünschten – Gegenreaktion. Denn der Betroffene denkt in diesem Moment, dass er die Lösung gefunden hat, um seine Probleme zu beseitigen. Der Trick ist relativ einfach. Gehen Sie auf die (vermeintlichen) Lösungswege ein. Akzeptieren Sie den Gedankengang und zeigen Sie Verständnis für ihn. Geben Sie dem Betroffenen nicht das Gefühl, dass seine Überlegung schlecht oder unpassend ist. Erklären Sie dem Patienten dann aber auch, dass er diese Lebensveränderungen jetzt nicht umsetzen sollte, weil er eine Krankheit hat und zuerst wieder seine volle Kraft braucht. Machen Sie ihm klar, dass die geplanten Veränderungen viel besser nach der Gesundung umgesetzt werden können. Das hat bei mir gewirkt und ich bin mir sicher, dass es auch bei Ihrem Angehörigen Wirkung zeigen wird.

Natürlich kann es aber auch sein, dass der Erkrankte weiterhin stur darauf besteht, die von ihm erarbeitete Lösung umzusetzen, oder im schlimmsten Fall hat er bereits mit der Umsetzung begonnen (was eher weniger wahrscheinlich ist, weil dem Patienten während einer schweren depressiven Episode meist ohnehin die Kraft fehlt). Dann müssen Sie schnell reagieren und Sie sollten sich umgehend mit dem Arzt (Psychiater) oder Psychotherapeuten in Verbindung setzen, um die weitere Vorgangsweise zu besprechen, denn das Problem mit „großen Entscheidungen" ist oftmals, dass sie möglicherweise nicht oder nur schwer rückgängig gemacht werden können. Wenn der Patient beispielsweise seinen Job kündigt oder seine Beziehung beendet, kann man diese Dinge nicht auf Knopfdruck wieder ungeschehen machen.

Zusammenfassung: Der Depressionspatient sollte während seiner depressiven Episode keine Eckpfeiler seines bisherigen Lebens verändern, sondern dies nach seiner Gesundung gründlich durchdenken. Es ist wichtig, eine Veränderung besonders dann zu hinterfragen, wenn Sie wissen, dass der Patient niemals in gesundem Zustand so entscheiden würde. Versuchen Sie nicht, den Betroffenen davon zu überzeugen, dass sein Veränderungsplan schlecht ist. Er wird das nicht annehmen können, denn für ihn ist das – in seiner Gedankenwelt – eine geeignete Lösung für seine Probleme. Bringen Sie Verständnis auf und erklären Sie ihm, dass er sein Vorhaben erst nach seiner Gesundung umsetzen soll.

TIPP NR. 10: BEWEGUNG MACHEN

Sport hat eine Vielzahl an positiven Auswirkungen auf die Gesundheit eines Menschen. Ausdauersport wirkt Herz-Kreislauf-Erkrankungen, Arteriosklerose und Diabetes entgegen. Durch moderates Ausdauertraining wird auch das Immunsystem gestärkt und Stresshormone werden abgebaut.

Aber auch Krafttraining ist sinnvoll, denn eine gut trainierte Muskulatur stabilisiert die Wirbelsäule und bietet Schutz für die Gelenke. Zusätzlich wird durch die Druck- und Zugbelastung der Knochenaufbau angeregt und damit beugt Krafttraining auch der Altersosteoporose vor. Tägliches, auch minimales Beweglichkeitstraining senkt das Verletzungsrisiko im Alltag und leistet somit einen Beitrag zur Entspannung und zum Stressabbau. Schnelligkeit und Koordination werden beim sportlichen Training (Ballsport, Schilauf) verbessert und stellen ebenfalls eine wichtige Sturz- und Verletzungsprophylaxe dar.

Jeder Ratgeber zum Thema Depressionen wird empfehlen, Sport zu treiben. Denn Sport wirkt antidepressiv. Das ist 100% korrekt und ich kann es nur bestätigen. Regelmäßiger Sport kann auch dabei helfen, einer Depression vorzubeugen; natürlich in Kombination mit anderen Maßnahmen. Das ist auch der Grund warum ich mittlerweile versuche mindestens 2-mal die Woche mein Lauftraining zu absolvieren.

Allerdings sind in der Praxis zwei Faktoren zu bedenken, welche von den meisten Ratgebern nicht berücksichtigt werden (weil sie oft von Menschen geschrieben wurden, die nie eine Depression hatten). Einerseits macht nicht jeder Mensch gern (intensiven) Sport und andererseits ist man in einer schweren depressiven Episode meist so müde und teilweise apathisch, sodass viele Sportarten den Erkrankten einfach zu sehr überfordern. Versuchen Sie daher nicht den Betroffenen zum Sport zu zwingen. Denn Sportarten, die überfordern, können die Stimmung sogar noch weiter drücken und dadurch kann genau das Gegenteil bewirkt werden.

Während einer meiner depressiven Phasen habe ich mich dazu entschlossen, mit einem befreundeten Patienten Badminton zu spielen. Ich habe mich auf diese Sporteinheit richtig gefreut und habe für kurze Zeit wieder ein positives Gefühl in mir verspürt. Dazu muss ich ergänzen, dass ich mein ganzes Leben lang sehr sportlich war und mich rein körperlich zu dieser Zeit auch durchaus in einem guten Zustand befunden habe. Das positive Gefühl war allerdings rasch weg. Nach 15 Minuten war ich so ausgepowert, dass ich nicht mehr konnte und nicht mehr wollte. Das hat mich verunsichert, weil ich normalerweise ohne Probleme zwei Stunden Sport treiben konnte. Leider war die innere Müdigkeit, die während einer Depression üblicherweise auftritt, so stark, dass ich keine Energie für Sport hatte. Aus einer vermeintlich guten Idee war somit ein Ereignis entstanden, das mir noch zusätzliches Kopfzerbrechen bereitet und meine Müdigkeit noch deutlich verstärkt hat. Und was bleibt nach so einer Erfahrung bei einem Depressiven hängen? Ganz einfach: Man merkt, dass man nicht leistungsfähig ist und fühlt sich noch mehr als Versager.

Allerdings gibt es einen Mittelweg, der für die meisten Depressionspatienten gut geeignet ist. Und zwar ausgedehnte Spaziergänge im Tempo des Erkrankten. Mir haben Spaziergänge während meiner depressiven Episoden immens geholfen, und zwar in jeder Hinsicht.

Neben dem sportlichen Aspekt hatten diese Spaziergänge noch einen weiteren Effekt auf mich und meine Erkrankung. Ich war in meinen depressiven Phasen immens rastlos und ich habe mich richtig getrieben gefühlt. Dies kommt, meiner Erfahrung nach, durchaus häufig vor, betrifft aber nicht alle Patienten. Ich hatte Phasen, in denen konnte ich kaum sitzen, weil ich innerlich so unruhig war. Es ist fast ein wenig paradox, denn zumeist (und das war auch bei mir der Fall) wirken Depressive ja eher apathisch und abgeschlagen. Und trotzdem ist da diese starke Unruhe.

Nun, meine Spaziergänge, die oft mehr als eineinhalb Stunden dauerten, haben sehr stark dabei geholfen, diese Rastlosigkeit zu mindern. Beziehungsweise habe ich diese manchmal sogar ganz vergessen.

Ein Spaziergang mit einem Angehörigen oder Freund hat aber nicht nur den Vorteil, dass er sich positiv auf die Depression auswirkt und allenfalls vorhandene Unruhe lindert. Er ist auch die ideale Situation, um Tipp Nr. 6 (Reden!) anzuwenden. Ein Spaziergang in der freien Natur hat, wie jede Form der Bewegung (Sport), viele positive Auswirkungen auf den Körper. Er sorgt für mehr Sauerstoff im Gehirn und man wird wacher und konzentrierter. Und das sind die idealen Voraussetzungen, um ein gutes Gespräch zu führen.

Es kann natürlich auch sein, dass sich der Patient während eines Spazierganges - in Kombination mit einem ausführlichen Gespräch – völlig öffnet und bereit ist, mehr aus sich herauszugehen. Dabei können auch Tränen fließen. Und ich denke nicht, dass es irgendeinen Menschen gibt, der gerne vor einer großen Anzahl an Menschen weint. Deshalb wäre es ratsam, einen Spaziergang in der freien Natur anzupeilen, idealerweise auf einer Wegstrecke, die nur wenige Menschen benutzen.

Machen Sie aber bitte nicht den Fehler, an dieser Stelle zu drängen. Wenn der Erkrankte nicht reden möchte, dann ist das auch okay. Ein Spaziergang hat auch ohne viele Worte einen positiven Effekt.

Während meiner Recherchen bin ich auf einige Studien gestoßen, die diese Effekte untermauern. So hat eine Untersuchung der Salzburger Universitätsklinik gezeigt, dass sich ausgedehnte Spaziergänge (rd. eineinhalb Stunden) in der Natur (mindestens zwei bis drei Mal pro Woche) speziell auf die Freude und das Selbstwertgefühl von Depressionspatienten positiv ausgewirkt haben. Außerdem nahm die Ängstlichkeit ab.

Sport im Allgemeinen erhöht in jedem Fall den Serotonin- und Dopaminspiegel. Die Wirkungen dieser Gewebshormone und Neurotransmitter habe ich ja bereits eingangs erläutert.

In jedem Fall: Schnappen Sie sich den Patienten und machen Sie Sport oder – wenn das zu anstrengend ist – längere Spaziergänge!

Zusammenfassung: Sport und Bewegung haben nachweislich positive Auswirkungen auf die Psyche. Das ist auch biochemisch bewiesen worden. Aber zwingen Sie den Erkrankten nicht, sich zu bewegen. Er ist erschöpft und sollte Bewegung freiwillig oder nur auf ganz sanften Druck hin machen. Intensive Spaziergänge sind besser als überfordernde Sportarten. Gehen Sie bevorzugt in die Natur und nutzen Sie die Zeit, um mit dem Patienten zu reden. Berücksichtigen Sie dabei meinen Tipp Nr. 6 (Reden!) und respektieren Sie die Geschwindigkeit des Patienten (sowohl hinsichtlich der Geh-Geschwindigkeit als auch hinsichtlich der Inhalte und des Fortschritts eines möglichen Gesprächs).

TIPP NR. 11: LEBEN SIE WEITER, HABEN SIE SPASS.

Die meisten Angehörigen von Depressionspatienten werden von der Erkrankung ihres geliebten Menschen stark mitgenommen. Es lastet ein großer Druck auf Ihnen. Umso wichtiger ist es, dass Sie nicht komplett auf sich vergessen. Erinnern Sie sich an das Beispiel mit der Sauerstoffmaske von Tipp Nr. 1?

Wenn es Ihnen nicht gut geht, können Sie auch keine Stütze für den Erkrankten sein. Menschen können unheimlich leistungsfähig sein. Sowohl körperlich als auch psychisch. Allerdings hat jeder Mensch eine Grenze. Ein Mensch wird ohne Pause keine 250 Kilometer laufen können, weil das biologisch einfach nicht möglich ist. Und analog dazu ist auch die psychische Kraft nicht unendlich vorhanden bzw. muss sie immer wieder aufgeladen werden. Das ist eine Tatsache, die für jeden Menschen verständlich ist. Das Problem liegt darin, dass es leichter ist, die körperlichen Grenzen zu erkennen, weil der Körper eindeutigere Signale sendet. Aber auch die Psyche sendet Signale. Leider haben wir aber verlernt, diese Signale wahrzunehmen.

Der beste Weg ist aber, gar nicht zu warten, bis Körper und Geist die Rückmeldung geben, dass der Akku leer ist. Viel vernünftiger ist es, von Haus aus darauf zu achten, dass man sich in der Balance befindet und vor allem, dass man sich genügend Regenerations- und Entspannungsphasen gönnt.

Wenn man als ein nahestehender Angehöriger eine

Depression erlebt, spielen leider oftmals Schuldgefühle eine große Rolle. Selbst wenn Menschen keinerlei Schuld haben, lassen sich diese Schuldgefühle oft nicht vermeiden.

Und jetzt kommen wir an den entscheidenden Punkt. Jedes Schuldgefühl führt zwangsweise zu dem fatalen Gedanken: „Ich muss jetzt für den Patienten da sein und mich und meine Bedürfnisse zurückstellen“. Sobald man sich selbst ein Lächeln gönnt oder versucht, einfach nur Glücksmomente zu erleben, schaltet sich das Schuldgefühl ein und das kann einen Menschen weit zurückwerfen. Das Resultat ist, dass viele Angehörige in einen Teufelskreis kommen. Sie betreuen den Patienten und hören auf, sich um sich selbst zu kümmern. Und wenn Sie dann doch mal kurz auf sich selbst achten und Freude empfinden, sorgt das Schuldgefühl dafür, dass das schlechte Gewissen zu einem weiteren Energiefresser wird. Und so leert sich der Akku immer schneller und irgendwann liegt die Energie bei null.

Aber wie kann man sich trotz der Belastung wohlfühlen? Der erste Schritt ist in jedem Fall, dass Sie versuchen, das schlechte Gewissen und die Schuldgefühle möglichst unter Kontrolle zu bekommen. Dabei hilft auch, wenn der Patient während Ihrer Abwesenheit bestens betreut ist. Sorgen Sie also dafür, dass andere Angehörige und Freunde da sind und den Patienten intensiv betreuen. Dabei sollte es sich natürlich um Personen handeln, bei denen der Betroffene sich auch wohlfühlt. Die Urgroßtante, die schon seit fünf Jahren nicht mehr zu Besuch war, wird sich für diese Aufgabe wahrscheinlich nicht eignen. Es sollte sich in jedem Fall um eine Person (oder mehrere) handeln, die einen emotionalen Zugang zum Patienten hat oder entwickeln kann. Wenn Sie das geschafft haben, dann wird es Ihnen leichter fallen, loszulassen.

Jetzt kommen wir zu dem Teil, der ebenso spannend wie wichtig für Sie ist. Zur Frage: Was macht Ihnen Spaß? Planen Sie einen oder zwei (oder sogar mehrere) „freie“ Tage ein, die nur Ihnen gehören und die Sie genau so gestalten, wie Sie sich das wünschen. Machen Sie ausschließlich Dinge, die Ihnen wirklich Spaß machen. Das ist wichtig, denn wenn Sie sich an diesen freien Tagen zwischendurch wieder um den Patienten kümmern oder Dinge machen, die Sie stressen, dann kommen Sie nicht richtig in die Regenerations- und Erholungsphase. Gönnen Sie sich also einen oder mehrere Wohlfühltage. Achtung: Das sollten Sie aber – vor allem, wenn die Depression des Angehörigen längere Zeit andauert – immer wieder machen. Ich spreche hier nicht von einer einmaligen Aktion. Sie müssen Ihre Energie immer wieder aufladen.

Wie sollte dieser Tag aussehen? Am besten schlafen Sie sich erst mal richtig aus und starten dann mit einem schönen und entspannten Frühstück. Und dann gehört der Tag Ihnen. Treffen Sie sich mit Freunden, gehen Sie ins Kino, machen Sie Sport, gehen Sie etwas trinken, lesen Sie ein spannendes oder – noch besser – humoristisches Buch, tanzen Sie oder entspannen Sie in einer Therme. Lachen Sie und machen Sie sich bewusst, dass Sie sich das nicht nur verdient haben, sondern es auch der beste Weg ist, um Kraft zu tanken und Ihrem geliebten Menschen eine kräftige Stütze sein zu können.

Zusammenfassung: Sie können nicht helfen, wenn Sie selbst nicht genügend Kraft haben. Sorgen Sie für eine gute Betreuung des Patienten während Ihrer Abwesenheit und gönnen Sie sich ein paar Wohlfühltage, die nur Ihnen gehören. Sie sollten - so gut es geht - loslassen und sich an diesen Tagen auch nicht zwischendurch um den Patienten kümmern. Diese Zeit gehört nur Ihnen. Machen Sie nur Dinge, die Ihnen Spaß machen. Konsequent und ausnahmslos.

TIPP NR. 12: ERSCHAFFEN SIE HOFFNUNGSBILDER

Ein Depressionspatient hat fast keine Kraft und wenn er zwischendurch irgendwo ein klein wenig Kraft tanken kann, wird diese Energie von den negativen Gedanken (der Depression) sehr leicht wieder „aufgefressen". Das heißt, der Patient braucht möglichst viele positive Gedanken, um die Depression erfolgreich bekämpfen zu können.

Der Betroffene befindet sich in einem Teufelskreis. Negative Gedanken generieren weitere negative Gedanken und somit beginnt eine Abwärtsspirale, die sich immer weiter beschleunigen kann. Diesen Teufelskreis muss der Depressionspatient möglichst oft und möglichst stark durchbrechen, um sich irgendwann wieder stabilisieren zu können.

Das ist aber während der Depression keine leichte Aufgabe. Wäre es das, dann wäre Ihr Angehöriger wohl kaum depressiv geworden. Ein Depressionspatient hat keine Kraft. In den vorherigen Kapiteln habe ich bereits darauf hingewiesen, dass der Patient meist das Gefühl hat, den nächsten Tag nicht zu schaffen. Aus meiner eigenen Erfahrung kann ich sagen: Es gibt nur wenige Dinge, die für einen Betroffenen schwieriger sind als der Gedanke daran, wie er seine nächsten Herausforderungen meistern kann.

Ein Beispiel:

Nehmen wir an, dass Sie einen Freund haben, der

seinen Job gerade verloren hat und der deshalb ein wenig down ist. Wenn sich dieser Mensch an Sie wendet, werden Sie wahrscheinlich viel mit ihm reden und versuchen, ihn zu unterstützen.

Sie werden ihm möglicherweise vorschlagen, dass er bereits am nächsten Morgen eine Zeitung aufschlagen kann oder ins Internet schauen soll und auf diese Art einen neuen Job suchen kann. Sie werden ihm sagen, dass Sie ihn unterstützen und dass Sie sicher sind, dass er sehr bald einen neuen, großartigen Job finden wird. Das wird ihrem Freund höchstwahrscheinlich Kraft geben und er wird sich besser fühlen. Zumindest ist die Chance sehr hoch, dass dieses Verhalten Ihrem Freund eine gewisse Perspektive gibt.

Bei einem Depressionspatienten ist das anders. Er hat das Gefühl, dass er nicht in der Lage ist, die Kraft aufzubringen, um die Herausforderungen des nächsten Tages zu schaffen. In Wahrheit ist die Kraft natürlich vorhanden, der Patient spürt sie nur nicht. Meine Psychotherapeutin hat dafür eine schöne Formulierung gefunden: „Sie haben die Kraft, Sie wissen es nur im Moment nicht“.

Damit ich Ihnen erklären kann, was ein Hoffnungsbild sein kann, möchte ich wieder ein wenig in meine Geschichte eintauchen.

Meine größten Ängste waren:

- Meine finanzielle Existenz bzw. mein Job
- Meine Partnerin zu verlieren
- Nicht gesund zu werden

Wie jeder Depressionspatient habe ich permanent über meine Ängste nachgedacht und versucht, verschiedenste Lösungen zu finden. Lösungen, die in dieser Situation in Wahrheit völlig unangemessen waren. Gott sei Dank hatte ich eine sehr gute medizinische, psychotherapeutische und persönliche Betreuung (durch Angehörige und Freunde), die mir meine Pseudolösungen mit viel Sensibilität ausgeredet haben.

Nach einiger Zeit ist mir etwas sehr Spannendes bewusstgeworden. Jedes Mal, wenn ich versucht habe, kurzfristige Lösungen zu finden, ist es mir schlechter gegangen. Denn es ist mir immer wieder klar geworden, dass ich gar keine Kraft hatte, um sie umzusetzen. Und außerdem habe ich innerlich (und unbewusst) gespürt, dass diese Lösungen (die ich nur aus Angst angestrebt habe) nicht wirklich passend waren.

Wenn ich aber über mein Leben in zwei, drei oder vier Jahren nachgedacht habe, habe ich mich überraschenderweise relativ gut gefühlt. Und „gut fühlen" ist in der Phase einer Depression eine unglaubliche Wohltat und kommt kaum vor.

Meine Gedanken waren folgende:

Ich konnte mir nicht vorstellen, dass ich in den nächsten Tagen oder Wochen in der Lage sein würde, meinen Job zu verrichten. Ich war sogar sicher, dass ich entweder während meiner Krankheit gekündigt werden würde oder dass ich meinen Job bei meiner (baldigen) Rückkehr derart schlecht machen würde, dass ich ihn verlieren würde. Wenn ich aber überlegte, wie mein Leben in zwei Jahren aussehen würde, hatte ich schon genug Selbstvertrauen, um zu sagen: „Ja, ich glaube, ich schaffe es, dann wieder einen passablen Job und eine gesicherte Existenz zu haben.".

Ähnlich war es mit meiner Beziehung. Ich hatte riesige Angst meine Partnerin zu verlieren. Wenn ich aber an die nächsten Jahre dachte, war ich aus irgendeinem Grund (den ich Ihnen selbst nicht nennen kann) optimistisch, dass es uns (also mir und meiner

Partnerin) gutgehen würde.

Und darüber hinaus hatte ich das Gefühl, dass ich in ein paar Jahren wieder gesund sein würde, oder zumindest konnte ich mir gut vorstellen, dass es so sein könnte.

Dieses Phänomen habe ich später – wenn ich Depressionspatienten und deren Angehörige unterstützt habe – auch bei vielen anderen Erkrankten beobachtet.

Was will ich damit sagen? Reden Sie mit dem Erkrankten nicht allzu viel über die Lösung anstehender Probleme. Alles, was direkt vor dem Erkrankten liegt, ist für ihn kaum zu bewältigen. Er hat jetzt keine Kraft. Zeichnen Sie mit Worten ein Bild über seine/ihre mögliche Zukunft. Ich würde sagen: Die Zukunft in ein, zwei, drei oder vier Jahren. Wobei: Zeichnen nicht Sie selbst das Bild, sondern helfen Sie dem Betroffenen bei der Zeichnung des neuen Hoffnungsbildes.

An dieser Stelle möchte ich von einer bemerkenswerten Mitpatientin erzählen, die ich bei meinem zweiten (und letzten) Krankenhausaufenthalt kennengelernt habe. Sie hat mir erklärt, welche Strategie sie anwendet, um wieder ins Leben zurückzufinden. Sie betrachtete ihr bisheriges Leben als ein Buch. Und dieses Buch hatte sie nun zu Ende geschrieben. Ihr neues Leben sei jetzt ein neues Buch mit leeren Seiten. Jetzt wo Sie langsam wieder gesund werde, beginne sie damit, dieses neue Buch zu schreiben. Sie habe jetzt die Chance ihr Leben zu ändern und so zu gestalten, wie es für sie richtig halte.

Ich kann natürlich nicht garantieren, dass dies allen Menschen hilft. Aber mir hat das sehr geholfen und interessanterweise haben mir das auch viele Mitpatienten und Mitpatientinnen bestätigt.

Versuchen Sie jedenfalls im Gespräch so gut es geht herauszufinden, welche die größten Ängste des Patienten sind.

Und dann überlegen Sie sich, wie seine Zukunft aussehen könnte. Und schließlich: Reden Sie mit dem Patienten darüber. Ich bin mir ziemlich sicher, dass das sein Wohlbefinden steigern wird oder zumindest eine Perspektive schafft. Diese Perspektive kann dann helfen, dass er sich wieder besser fühlt und vor allem daraus Kraft schöpfen kann.

Zusammenfassung: Der Depressive befindet sich in einem Teufelskreis negativer Gedanken. Neben der Medikation benötigt der Erkrankte möglichst viele positive Gedanken. Aus meiner Erfahrung hilft der Blick in die fernere Zukunft. Kurzfristige Lösungen greifen nicht, da der Patient keine Kraft hat. Schaffen Sie gemeinsam mit dem Erkrankten Hoffnungsbilder. Er hat damit die Möglichkeit, positive Gedanken zu generieren!

TIPP NR. 13: OFFEN UND EHRLICH MIT DER UMGEBUNG SEIN

Wie verhält man sich in der Öffentlichkeit, wenn ein enger Angehöriger an einer schwerwiegenden Erkrankung leidet? Eine Frage, die nicht nur das Thema Depression betrifft, sondern jegliche schwerwiegendere Erkrankung, insbesondere wenn man diese nicht verbergen kann.

Was meine ich mit offen und ehrlich? Ich meine, dass Sie die Erkrankung des Angehörigen nicht verschweigen sollen. Wir leben mittlerweile in einer Gesellschaft, in der psychische Krankheiten nicht mehr oder eher wenig stigmatisiert werden. Der Großteil der

Menschen kann gut damit umgehen. Das ist meine Erfahrung.

Und wenn es in Ihrer Umgebung Menschen gibt, die damit ein Problem haben, dann können Sie sich sicher sein, dass Sie diese Person nicht mehr in Ihrem Umfeld benötigen.

Warum ist das so wichtig? Da geht es weniger um das moralische Ziel der Ehrlichkeit. Es geht vielmehr um Sie selbst. Wenn Sie versuchen, eine Erkrankung zu verheimlichen, dann kostet Sie das viel Kraft. Sie werden – während Sie sich um den Angehörigen kümmern - plötzlich weniger Zeit haben. Das wird Ihrem Umfeld auffallen. Sie werden wahrscheinlich auch sehr aufpassen müssen, dass Sie sich nicht verplappern. Auch das kostet viel Kraft.

Versuchen Sie nichts zu verheimlichen. Sie müssen ja nicht alle Details erzählen. Das ist absolut nicht nötig. Und es ist natürlich auch nicht nötig, jedem x-beliebigen Menschen die Krankheitsstory Ihres Angehörigen zu erzählen. Aber Sie sollten zumindest den Menschen gegenüber offen und ehrlich sein, mit denen Sie intensiveren Kontakt haben.

Ich komme aus einem kleinen Ort. Zwar lebe ich schon seit längerer Zeit in einer großen Stadt, allerdings besteht nach wie vor eine enge Verbindung zu meiner Heimat. Mein engeres Umfeld hatte längere Zeit Probleme mit dem Umgang mit meiner Erkrankung. Ich bin mir sicher, dass es sich nicht für mich geschämt hat, aber es wusste wahrscheinlich nicht so ganz, wie es sich im Gespräch mit anderen Verhalten sollte. Das ist übrigens sehr häufig verbreitet und in Wahrheit auch aus menschlicher Sicht mehr als verständlich.

Ich habe mich von Anfang an dafür entschieden, ganz offen mit meiner Erkrankung umzugehen.

Obwohl ich wusste, dass die Gesellschaft heutzutage bereits viel konstruktiver mit diesem Thema umgeht, war ich doch erstaunt, wie positiv die Reaktionen der Menschen sind, wenn man ganz ehrlich zu ihnen ist. Ich muss sagen, dass ich eher das Gefühl hatte, dass mein Umgang mit meiner Erkrankung mein Profil bei vielen Menschen sogar geschärft hat. Hätte ich versucht, alles zu verheimlichen, wären wohl Gerüchte aufgekommen. Denn während einer schweren Depression kann es leicht sein, dass man für mehrere Wochen oder sogar Monate vollkommen von der Bildfläche verschwindet. Mein Umfeld hat langsam bemerkt, dass immer mehr Menschen es direkt darauf angesprochen hat. Und irgendwann kam der Punkt, an dem es realisiert hat, dass der offene Umfang mit der Erkrankung halb so schlimm ist. Mittlerweile geht mein Umfeld auch ganz offen damit um. Es hat erkannt, dass es kein Makel ist.

Und Sie können mit dieser Offenheit auch noch viel Gutes bewirken. Denn je mehr Menschen über diese Krankheit sprechen, umso „normaler" wird sie. Denn ich denke, wir müssen erreichen, dass psychische Krankheiten so normal wie nur irgendwie möglich wahrgenommen werden. In unserer heutigen Zeit sollte es selbstverständlich sein, dass sich Menschen ohne Scham von einem Psychiater behandeln lassen.

Ich möchte Sie hier wirklich ermutigen. Lassen Sie sich nicht von einer falschen Scham leiten. Ihr Angehöriger hat nichts Schlimmes oder Verwerfliches gemacht. Er ist einfach nur krank. Aus dem Verheimlichen wird irgendwann ein systematisches Lügen, um das Konstrukt aufrechtzuerhalten. Und lügen ist nicht nur moralisch schlecht, sondern es kostet Sie wertvolle Energie. Abgesehen davon können massive Gerüchte entstehen. Und selbst wenn keine Gerüchte entstehen, erfährt Ihr Umfeld irgendwann mehr über die Erkrankung, denn viele Dinge lassen sich nicht vollends verbergen. Dann kann es auch leicht passieren, dass die Menschen, die Sie angelogen (bzw. denen Sie zumindest nicht die ganze Wahrheit erzählt haben) haben, das Vertrauen in Sie verlieren.

Sparen Sie Ihre Energie. Gehen Sie ganz offen und sogar aktiv damit um. So lassen Sie Spekulationen und Gerüchte erst gar nicht entstehen.

Zusammenfassung: Seien Sie zu Ihrem näheren Umfeld ehrlich, was die Erkrankung Ihres Angehörigen betrifft. Erstens können Sie sie sowieso nicht völlig verbergen und zweitens wird die Unehrlichkeit Energie kosten, die Sie zur Unterstützung des Patienten dringend benötigen. Etwas zu verheimlichen begünstigt außerdem auch die Entstehung von Gerüchten. Zusätzlich helfen Sie mit dieser Ehrlichkeit auch der Tabuisierung von Depressionen entgegenzuwirken.

TIPP NR. 14: SOMATISIERUNG KOMMT HÄUFIG VOR

Somatisierung ist ein wunderbares Fachwort, unter dem man sich erst mal nichts vorstellen kann, das ich aber trotzdem benutze, weil es ein bestimmtes Phänomen bestens beschreibt. Soma bedeutet Körper. Wikipedia meint dazu: „Somatisierung beschreibt die Neigung, körperliches Unwohlsein und Symptome, die nicht auf krankhafte somatische Befunde zurückzuführen sind, trotzdem körperlichen Erkrankungen zuzuschreiben und eine Körpermedizinische Behandlung dafür anzustreben. Es wird angenommen, dass diese Neigung häufig eine Reaktion auf psychosoziale Belastungen ist."

Vereinfacht gesagt geht es darum, dass viele Depressive sich aufgrund ihrer schlechten psychischen Verfassung körperliche Krankheiten einbilden bzw. leichte körperliche Veränderungen oder Schmerzen sofort mit einer schwerwiegenden Erkrankung in Verbindung bringen.

Dieses Phänomen habe ich, obwohl ich normalerweise überhaupt kein Hypochonder bin, ganz intensiv erlebt.

Heute muss ich über meine Erlebnisse während meiner depressiven Episoden lachen. Bevor ich zu erzählen beginne muss ich vorausschicken, dass ich Raucher bin. Eines Tages habe ich im Krankenhaus – schwer depressiv – mein Bein genauer angesehen. Wahrscheinlich war das Neonlicht in Kombination mit dem Außenlicht gerade etwas ungünstig und ich habe mir eingebildet, dass mein Bein leicht gräulich aussehen würde. Von diesem Zeitpunkt an war ich eine Woche lang fest davon überzeugt, dass ich ein beginnendes Raucherbein hätte und in Kürze mein Bein verlieren würde. Ich habe die Farbe meines Beins jeden Tag penibel kontrolliert und war der Meinung, dass sich der Zustand jeden Tag weiter verschlechterte. In Wahrheit hatte ich natürlich kein Raucherbein.

Damit aber nicht genug. Nachdem ich eingesehen hatte, dass ich wohl tatsächlich kein Raucherbein hatte, „begann" eine nächste Krankheit. Ich hatte mehrere Tage hindurch Probleme mit meiner Verdauung und dementsprechend mit sah auch mein Stuhlgang aus. Er war nicht nur unappetitlich, sondern zeigte mir eindeutig, dass ich Darmkrebs haben musste.

Der vermeintliche Darmkrebs hielt sich dann sogar etwas länger als das Raucherbein. Nämlich fast zwei

Wochen. Erst als ich mich langsam wieder besser fühlte wurde mir bewusst, dass ich kerngesund war.

Was bedeutet das für Sie als Angehöriger? Ich will Ihnen damit nicht sagen, dass mögliche körperliche Beschwerden des Erkrankten nicht existieren. Es kann sehr wohl sein, dass die geschwächte Gesamtkonstitution des Patienten dazu führt, dass Krankheiten leichter ausbrechen. Sie sollten also Beschwerden und Ängste des Patienten nicht von vornherein abtun und ignorieren. Das wäre sehr unklug.

Sie sollten aber sehr wohl vorsichtig in der Beurteilung der Beschwerden sein, vor allem wenn Ihr Angehöriger (oder Freund) konkrete Krankheiten hinter einem leichten „Aua" vermutet (das ja tatsächlich vorhanden sein kann; wer hat nicht ab und zu Schmerzen?). Übermütig behaupte ich jetzt mal: In 99,99% der Fälle wird das befürchtete Krankheitsbild nicht zutreffen. Höchstwahrscheinlich handelt es sich um eine depressionsbedingte Somatisierung.

Wie können Sie dem Betroffenen nun helfen? So wie bereits mehrfach ausgeführt lautet die goldene Regel: „Erst mal zuhören und ernst nehmen". Wenn sich der Erkrankte missverstanden oder nicht ernst genommen fühlt, kann das sehr schnell zu einer Blockade führen. Viel besser ist es, aufmerksam zuzuhören und sanft einzuwirken. Folgende Formulierungen könnten dabei helfen: „Ich verstehe dich, aber hinter den Symptomen können ja auch andere, unverfängliche Krankheiten stehen!" oder „Wir werden das vom Arzt abklären lassen, aber wir müssen auch darauf achten, dass du jetzt psychisch gesund wirst, denn dann hat dein Körper stärkere Abwehrkräfte!". Wenn der Erkrankte schon eine hohe Krankheitseinsicht hat, sprich wenn er akzeptiert hat, dass die Depression eine Krankheit ist, dann können Sie auch ganz offen sein und dem Patienten mitteilen, dass Sie wissen, dass die Somatisierung ein übliches Phänomen bei depressiven Menschen ist. Diese Ehrlichkeit kann durchaus helfen. Denn mit fortschreitender Behandlung versteht der Patient die Auswirkungen seiner Krankheit immer besser.

Zusammenfassung: Die meisten Depressionspatienten missinterpretieren körperliche Vorgänge sehr häufig und ordnen diese irgendeiner schwerwiegenden Erkrankung zu. Das ist absolut normal und sollte Sie nicht verunsichern. Machen Sie sich aber bewusst, dass der Patient tatsächlich daran glaubt, ernsthaft erkrankt zu sein. Dementsprechend sollten Sie diese Bedenken nicht einfach wegwischen, denn dadurch fühlt sich der Betroffene unverstanden. Wenn die Krankheitseinsicht des Patienten schon sehr weit fortgeschritten ist, können Sie dem Patienten auch in Ruhe erklären, dass diese Somatisierung durchaus normal ist und er höchstwahrscheinlich an keiner schwerwiegenden Erkrankung leidet.

TIPP NR. 15: DEN SCHLAF BEACHTEN!

Wie ich bereits an vorangegangenen Stellen anklingen habe lassen, sind Schlaf und Depression wie Bruder und Schwester untrennbar miteinander verbunden. Und zwar in zwei Richtungen; schlechter Schlaf bzw. schlechte Schlafgewohnheiten können die Entwicklung einer Depression begünstigen, umgekehrt führt eine Depression zu einem schlechten Schlaf. Die wichtigste Regel lautet: Ausreichend Schlaf, aber auch nicht zu viel.

Zum Verhältnis zwischen Schlaf und Depression gibt es unterschiedliche Studien. Die meisten gehen davon aus, dass bis zu 90% aller Depressionspatienten Schlafprobleme haben. Hier gibt es drei mögliche Ausprägungen, die einzeln für sich, oder aber auch nebeneinander auftreten können oder es sogar meist tun: Manche haben Schwierigkeiten beim Einschlafen, andere wiederum wachen nachts auf und können dann kaum wieder einschlafen und manche wachen sehr früh am Morgen auf. Bei vielen Depressionspatienten treffen zwei oder sogar alle drei Ausprägungen zu.

Wissenschaftlich betrachtet ist es (vereinfacht gesagt) so, dass das Gehirn eines depressiven Menschen in der Nacht anders arbeitet als das eines gesunden Menschen. Genau genommen ist das Gehirn eines Erkrankten deutlich wacher als das eines gesunden Menschen. Selbst wenn depressive Menschen einschlafen, schlafen sie nicht so tief wie gesunde Menschen.

Während meiner Recherchen bin ich auf Prof. Ulrich Hegerl (Direktor der Klinik für Psychiatrie an der Universitätsklinik Leipzig) gestoßen. Er beschreibt dies so: „Die übertrieben hohe Wachheit ist verbunden mit einer inneren Angespanntheit. Depressive Patienten fühlen sich häufig, als stünden sie dauernd vor einer Prüfung“.

Ein biologisches Zeichen dafür ist auch, dass bei Betroffenen das Level des Stresshormons Kortisol deutlich höher ist als bei Gesunden.

Der Zusammenhang zwischen Schlaf und Depression zeigt sich aber auch in umgekehrter Hinsicht. Nicht nur, dass der Schlaf von depressiven Menschen schlecht ist, es können auch Schlafstörungen oder allein schon länger andauernder Schlafmangel (z.B. durch bewusstes zu spät ins Bett gehen) die Entwicklung einer Depression begünstigen. Dies hat unter anderem eine Studie mit knapp 16.000

Teilnehmern in den USA bestätigt. Forscher der Columbia University New York hatten Schlafgewohnheiten und psychische Probleme wie Depressionen oder Selbstmordgedanken von Jugendlichen erfasst. Auch die Eltern der Jugendlichen wurden befragt.

Die statistische Auswertung ergab, dass Befragte, die früh ins Bett gingen, ein deutlich geringeres Depressionsrisiko hatten. Wenn die Eltern ihren Kindern erlaubten, anstatt spätestens um 22 Uhr erst nach Mitternacht schlafen zu gehen, dann litten 24 % der Jugendlichen häufiger unter Depressionen. Selbstmordgedanken traten im Vergleich zu den Jugendlichen mit der 22 Uhr-Nachtruhe um 20 % öfter auf.

Wie aber sollte man schlafen?

Ich möchte an dieser Stelle noch einmal betonen, dass ich weder Arzt noch Schlafforscher bin und daher nur aus der Sicht eines Patienten (mit angelesenem und beim Psychiater erfragtem Wissen) berichten kann. Um mehr zu erfahren, sollten Sie daher mit einem Arzt sprechen, oder sich Fachliteratur besorgen.

Grundsätzlich gibt es einige Regeln, die förderlich für einen gesunden Schlaf sind. Man sollte in jedem Fall den abendlichen Konsum von Alkohol vermeiden, da dieser die Schlafarchitektur zerstört. Der Patient sollte in jedem Fall ausreichend in der Nacht schlafen, aber auf Dauer auch nicht zu lange. Denn auch regelmäßiges zu lange Schlafen kann sich – glaubt man den Studien – negativ auswirken. Es sollten keine späten und schweren Mahlzeiten zu sich genommen werden und sportliche Aktivitäten am Abend vermieden werden. Hilfreich ist es auch, im Schlafzimmer keinen Fernseher zu haben und abends nicht zu lange auf das Handy zu blicken. Die negativen Auswirkungen einer intensiven Nutzung des Mobiltelefons am Abend habe ich auch im Selbstversuch getestet. Ich habe bemerkt, dass ich deutlich später einschlafen konnte.

Hierfür gibt es zwei Gründe. Einerseits agieren wir, wenn wir kurz vor dem Einschlafen mit dem Handy „spielen“. Das heißt, es laufen Denkprozesse im Gehirn ab. Zum anderen gibt es auch Studien, die belegen, dass das „blaue Licht“ von Bildschirmen dazu führt, dass der Melatonin-Spiegel sinkt. Dieses Hormon reguliert den Tag-Nacht-Rhythmus. Wird die Produktion gehemmt, können Betroffene schlechter einschlafen.

Und idealerweise sollte man eine angenehme Schlafzimmeratmosphäre bzw. Schlafumgebung arrangieren. Das reicht von der richtigen Matratze über die richtige Temperatur und Luftfeuchtigkeit bis zur schönen Ausgestaltung des Schlafzimmers.

Bei mir hat, wie bei fast allen Depressionspatienten, der Schlaf eine sehr große Rolle gespielt. Das hat sich besonders während meiner zweiten Depression manifestiert. In den Monaten vor dem Beginn dieser depressiven Episode habe ich, ohne es zu merken, deutlich weniger geschlafen. Da ich auch in gesundem Zustand meist eher wenig (ca. sechseinhalb Stunden pro Nacht) schlafe, ist mir das leider nicht besonders aufgefallen (mittlerweile bin ich aber so sensibilisiert, sodass es mir auffallen würde). Neben der Reduktion des Schlafs bin ich meistens zwischen 03:45 Uhr und 04:00 Uhr aufgewacht und habe gezittert. Dann konnte ich mindestens bis 06:00 Uhr nicht mehr einschlafen. Und kurz bevor ich aufstehen sollte, um zur Arbeit zu gehen, wurde ich müde und hätte schlafen können. Zumindest hat es sich so angefühlt. Das Resultat war, dass ich natürlich tagsüber so müde war, dass ich im

Büro fast eingeschlafen wäre.

Im Krankenhaus haben Sie mir erklärt, dass es wichtig sei, dass ich ca. acht Stunden schlafe und das ausschließlich in der Nacht. Tagsüber wurden wir angehalten, nicht zu schlafen – egal wie müde wir (also auch die Mitpatienten) waren. Und das war gut so. Mir hat dieser Therapieaspekt sehr gutgetan. Ich muss aber ergänzen, dass die Normalisierung meines Schlafes niemals ohne medikamentöse Unterstützung möglich gewesen wäre. Aber Achtung: Die Regulierung des Schlafes erfolgt mittels Antidepressiva und nicht mit Schlaftabletten. Erstens sind Schlaftabletten auf Dauer nicht empfehlenswert und zweitens sorgen Schlaftabletten zwar für Schlaf, allerdings mit keiner guten Schlafarchitektur. Daher sollte der Patient niemals mit einer Selbstmedikation beginnen und versuchen, das Problem mit Schlaftabletten zu lösen. Das bringt nichts.

Zusammenfassung: Schlafstörungen sind ein Symptom der Depression, können umgekehrt aber auch die Ursache einer depressiven Episode sein. Der Schlaf ist ein ganz zentraler Faktor für unsere Gesundheit, und zwar nicht nur im psychischen Sinne, sondern auch körperlich. Daher sollte der Patient besonders auf die Qualität des Schlafes achten. Medikamente können hier helfen. Informieren Sie sich bei Ihrem Arzt genauer darüber.

TIPP NR. 16: DIE GESUNDUNG IST KEINE BERGFAHRT

Vorweg: Jede Depression ist ein wenig anders. Somit gibt es auch betreffend die Gesundung kein einheitliches Schema, das 1:1 angewendet werden kann.

Darüber hinaus muss ich anmerken, dass alles, was ich hier zur Gesundung widergebe, meinen eigenen Erfahrungen entstammt und keine wissenschaftliche Abhandlung darstellt. Ich habe genau diese Phasen aber nicht nur bei mir, sondern auch bei vielen Mitpatienten erlebt und denke, dass es nur wenige Erkrankte gibt, die nicht in ähnlicher Form gesunden.

Die Gesundung ist definitiv keine Bergfahrt. Was meine ich damit? Es geht nicht ständig bergauf. Wenn Sie sich eine äußere Verletzung – z.B. eine Schnittwunde – zuziehen und richtig behandelt werden (z.B. Desinfektion, Wundsalbe etc.), dann verläuft die Heilung meist ziemlich linear. Voraussichtlich wird die Schnittverletzung, jeden Tag ein bisschen besser verheilt sein. Nach ein paar Wochen werden Sie im Optimalfall nichts mehr, oder maximal eine kleine Narbe, sehen.

Die Depression funktioniert anders. Vor allem im Falle einer begleitenden medikamentösen Behandlung tritt meistens eine Berg- und Talfahrt ein. Das bedeutet: Nach jedem Aufschwung folgt ein kleiner Abschwung, der allerdings weniger weit nach unten geht, als der Aufschwung nach oben ging. Es ergibt sich also eine Verbesserung, die der Patient oft gar nicht so empfindet.

Als Beispiel möchte ich meine erste depressive Episode anführen: Es war ein Donnerstag, gegen 16 Uhr. Zu dieser Zeit war ich bereits vier Wochen in medizinischer Behandlung. Plötzlich, wie ein Blitz aus heiterem Himmel, kam in meinem Kopf folgender Gedanke auf: Hey, du hast eine großartige Familie, eine Partnerin und du bist gut ausgebildet. Wo liegt dein Problem? Irgendwie hatte ich plötzlich ein unheimlich positives Gefühl. Plötzlich schienen alle Probleme wie weggeblasen zu sein. Dieses positive Gefühl hat sich dann, mit kleinen Unterbrechungen, bis in den Abend bzw. die Nacht gehalten. Dann kam der nächste Morgen. Es ging mir – Stichwort Morgentief – schlecht. Es hat sich so angefühlt, als würde es sogar schlimmer sein als davor. Ich war verzweifelt. War ich doch am Vortag so richtig glücklich. Und nun begann alles von vorne?

Doch siehe da. Gegen 15:15 Uhr kam dieser Lichtblick plötzlich wieder. Auch diesmal hielt er wieder bis in die Nacht an. Der nächste Morgen war dann, verglichen mit den sonstigen Gefühlszuständen in der Früh, relativ gut. Allerdings kam der Lichtblick an diesem Tag nicht. Ich war den ganzen Tag zwar nicht komplett down, aber meine Stimmung war doch sehr gedrückt. Wieder war ich verzweifelt. Doch dann kam der nächste Tag und mein Lichtblick kam bereits um 12:30 Uhr.

Ich könnte jetzt die gesamte Geschichte meiner Gesundungswellen (wenn man es so nennen möchte) erzählen, aber das bringt Sie einerseits nicht weiter und andererseits würde das viel zu lange dauern.

Wesentlich – an dem, was ich hier zu erläutern versuche – ist, dass die Gesundung bei fast allen depressiven Patienten in Wellen verläuft und immer eine Vielzahl an vermeintlichen Tiefschlägen inkludiert.

Diese Tiefschläge – die während der Heilungsphase immer wieder eintreten - bewirken leider eine sehr große Verzweiflung. Der Patient kann unter Umständen kurzzeitig verwundbarer und schwächer wirken als in seiner akuten Krankheitsphase. Der Grund dafür ist einfach erklärt: Während einer starken Depression leidet man ständig. Und dann kommen plötzlich positive Gefühle. Die Erleichterung ist riesengroß. All die Last fällt ab und man ist einfach nur froh, dass dieser unsägliche Druck, diese Ängste und diese Belastungen weg sind. Und dann steht man am nächsten Tag wieder am Anfang. Der Rückschlag ist somit umso härter.

Aber was ist für Sie als Angehöriger wichtig? Wenn Sie diese Berg- und Talfahrt miterleben, sollten Sie sich zuallererst bewusst sein, dass diese Entwicklung ein ganz natürlicher Teil der Gesundung ist. Die Rückschläge sind kein schlechtes Zeichen, sondern normal und im Sinne der Heilung sogar gut. Somit ist es ganz wichtig, dass Sie sich von den „Tiefphasen“ des Betroffenen während der Gesundung nicht beeinflussen lassen.

Wenn Sie Ihren Angehörigen also in dieser Phase begleiten, dann ist es nicht nur für Sie wichtig, das zu wissen, sondern teilen Sie diese Information auch ganz aktiv mit dem Erkrankten. Erklären Sie ihm - vor allem in den guten Phasen - dass er jetzt auch wieder einen Rückschlag erleben wird und dass das in der Phase der Heilung ganz normal ist.

So ist der Erkrankte besser auf das folgende Morgentief eingestellt und schafft es unter Umständen auch, dieses Wissen während der Tiefphase präsent zu halten.

In diesem Zusammenhang gibt es ein wichtiges Thema, das sie im Hinterkopf haben müssen, und zwar ein möglicher Suizid bzw. eine erhöhte Suizidgefahr. Während einer schweren depressiven Episode haben viele Erkrankte nicht mehr die Kraft, ihrem Leben ein Ende zu setzen. Während der Gesundung ist diese Kraft plötzlich da bzw. der Depressive ist wieder stark genug, eine Handlung umzusetzen. Gerade deshalb ist es in dieser Phase auch wichtig, das Thema Suizid zu berücksichtigen. Also beobachten Sie das Verhalten Ihres Angehörigen besonders in dieser Phase sehr genau. Aufmerksam sollten Sie auch werden, wenn der Erkrankte schlagartig sehr ruhig wird oder sogar fröhlich. Der fixe Entschluss, sich das Leben zu nehmen, nimmt dem Erkrankten nämlich viel Druck und dadurch kann eine sehr plötzliche Entspannung einsetzen. Auf das Thema Suizid gehe ich im Folgekapitel noch näher ein.

Zusammenfassung: Die Phase der Gesundung und Heilung einer Depression ist meist nicht vergleichbar mit anderen Erkrankungen. So heilt beispielsweise eine Schnittwunde zumeist linear. Das heißt, der Zustand der Wunde wird mit jedem Tag ein wenig besser. Eine Depression ist bis zur völligen Genesung eine Berg- und Talfahrt. Man kann es auch sehr gut mit der umfangssprachlichen Floskel „Zwei Schritte nach vor und einer zurück“ beschreiben. Es geht immer ein Stück weiter bergauf, als es bergab geht. Machen Sie sich das nicht nur selbst bewusst, sondern verankern Sie dieses Wissen auch im Kopf des Patienten. So ist er auf die Tiefschläge, die fast immer nach einer Hochphase kommen, besser vorbereitet. Da Patienten in der Heilungsphase wieder mehr Kraft haben, sollte aber auch die Suizidgefahr bedacht werden (Suizide sind in der Akutphase der Krankheit eher seltener, da dem Betroffenen die Kraft dazu fehlt).

WAS SIE NOCH WISSEN SOLLTEN!

SUIZID

Gleich vorweg: Wenn Sie bei Ihrem Angehörigen oder Freund die Vermutung haben, dass Suizidgefahr besteht, müssen Sie unbedingt sofort handeln! Es ist sogar so, dass unter Umständen eine Zwangseinweisung vorgenommen werden muss. Das hört sich jetzt vielleicht für Sie brutal an, aber Faktum ist, dass Menschen in sehr schweren depressiven Episoden nicht immer berechenbar sind. Und einen erfolgreichen Suizid kann man nicht rückgängig machen. Daher lieber mehrmals Hinsehen als einmal zu wenig, und bitte unbedingt rasch mit einem Arzt sprechen. Hilfreich kann es auch sein, den Patienten in sensibler Art und Weise direkt (sachlich) auf Ihren Verdacht (einer Suizidgefährdung) anzusprechen. Viele Experten empfehlen das, weil es – so die Interpretation – für den Betroffenen auch eine Entlastung darstellt, wenn es direkt ausgesprochen wird.

Ich kann in diesem Kapitel jedenfalls keine ärztliche Beratung ersetzen. Ich kann Ihnen aber einige Basisinformationen zur Verfügung stellen und das Thema Suizid aus der Sicht eines Depressionspatienten erklären.

Das Thema Suizid ist ein sehr heikles Thema und es ist vor allem sehr schwierig, die Suizidgefährdung eines Menschen einzuschätzen. Es gibt unterschiedliche Anzeichen, die auf einen drohenden Suizid hindeuten. Hier alle zu erfassen, würde den Rahmen dieses Buches sprengen. Die wichtigsten Anzeichen sind:

- Geäußerte Suizid-Gedanken oder Suizid-Ankündigungen, denn die immer wieder gehörte Aussage „wer über Selbstmord spricht, begeht ihn nicht“ ist falsch.
- Beachten Sie möglicherweise erschwerender Lebensumstände wie Krankheit, Arbeitslosigkeit, Einsamkeit, Trennung von einem geliebten Menschen usw.
- Sozialer Rückzug - ein sich Abwenden von Freunden und Familie.
- Ausgeprägte Stimmungsschwankungen
- Radikale Persönlichkeitsveränderungen
- Realitätsverlust
- Starke Angstzustände
- Selbstzerstörerisches und leichtfertiges Verhalten
- Obsessive Auseinandersetzung mit dem Tod
- Krisen nach traumatischen Erlebnissen
- Alkohol- und Drogenmissbrauch
- Frühere Selbstmordversuche. Fast jeder Zehnte, der bereits einen oder mehrere Suizidversuche hinter sich hat, stirbt durch Suizid.

Manche dieser Anzeichen sind auch klassische Anzeichen einer Depression ohne, dass eine unmittelbare oder akute Suizidgefahr vorliegt. Daher ist und bleibt es immer schwierig, einzuschätzen, ob dies tatsächlich der Fall ist, oder nicht. Und gerade deshalb – ich kann es nur immer wieder betonen - ist die regelmäßige Absprache mit einem Arzt unbedingt notwendig. Er wird im konkreten Fall bessere Einschätzungen treffen können.

Grundsätzlich gilt aber: Es gibt wahrscheinlich kaum einen Menschen, der nicht schon mal ganz entfernt an Selbstmord gedacht hat oder sich zumindest gedacht hat, dass er froh wäre, wenn es ihn nicht mehr gäbe. Unter Menschen, die Depressionen haben oder schon mal hatten, gibt es mit Sicherheit niemanden, der nicht mal Gedanken daran verloren hätte.

Die folgenden Erläuterungen entstammen zum Teil meinen eigenen Erfahrungen und sind Erkenntnisse aus vielen Gesprächen mit Betroffenen. Insofern können sie Ihnen Anhaltspunkte über die Gefühlslage von depressiven Menschen geben. Aus diesen Erfahrungswerten habe ich zwei verschiedene Arten von Suizidgedanken identifiziert:

Diffuse Suizidgedanken

Diffus könnte man umgangssprachlich als unklar, oder verschwommen übersetzen. Der Erkrankte denkt in diesem Fall daran, dass es besser wäre, wenn er nicht mehr da wäre, oder er überlegt sich, dass er – wenn es gar nicht mehr anders geht – sich von dieser Welt verabschieden könnte. Diese Phase ist zwar nicht ungefährlich, aber insgesamt ist die Wahrscheinlichkeit, dass der Patient kurz davor ist, sich das Leben zu nehmen, vergleichsweise gering. Auf der Suche nach Lösungen und einem Ausweg aus dieser zutiefst schwierigen Situation, beleuchtet der Patient jeden nur möglichen Weg, um sich von seiner Traurigkeit, Hilflosigkeit, Ohnmacht und Angst zu befreien. Und von diesen vielen möglichen Auswegen ist, aus Sicht des depressiven Menschen, der Selbstmord einer davon. Diese Phase diffuser Selbstmordgedanken ist zwar nicht so gefährlich, allerdings können sich von diesem Punkt weg akute oder konkrete Selbstmordgedanken entwickeln. Und diese sind sehr gefährlich.

Konkrete (akute) Selbstmordgedanken

Ich hatte nie konkrete Selbstmordgedanken, allerdings hatte ich einen Mitpatienten, der mir nach seiner Gesundung seine Geschichte anvertraut hat. Ein glücklicher Umstand hat ihn letztlich aber davor bewahrt, den Suizid umzusetzen. Er wollte sich, was bei Männern eher untypisch ist, mittels einer Überdosis an Medikamenten das Leben nehmen. Nachdem seine Frau einen mehrstündigen Ausflug geplant hatte, nahm er den Wohnungsschlüssel, steckte ihn in das Schloss und brach ihn ab. Damit wollte er verhindern, rechtzeitig entdeckt und gerettet zu werden. Er hatte sich davor ausgerechnet, wie lange es nach der Einnahme der Medikamente dauern würde, bis er tot wäre. Als er die Medikamente gerade nehmen wollte, rief seine Schwester an und teilte ihm mit, dass Sie schwanger sei. Er hat den Selbstmordversuch abgebrochen, weil er seine Schwester und seine Familie nicht ins Unglück stürzen wollte (Der Mann ist heute noch immer verheiratet, hat bereits Kinder und lebt ein schönes und glückliches Leben).

Wenn Selbstmordgedanken konkreter werden, beginnt die Zeit der Planung. Einerseits kümmert sich der suizidgefährdete Mensch um die Nachwelt, indem er beispielsweise Abschiedsbriefe vorbereitet oder seinen Nachlass regelt (z.B. Testament). Andererseits wird der Suizid geplant. Zumeist beginnen akut suizidgefährdete Menschen zu recherchieren, wie man sich möglichst schnell und schmerzfrei töten kann.

Das findet sich dann im Suchverlauf des verwendeten Webbrowsers. Darüber hinaus kann es natürlich auch auffällig sein, wenn der Erkrankte sich entsprechende Mittel und Materialien besorgt. Zum Beispiel Medikamente oder gar eine Pistole. Wobei Männer eher zu „harten" Suizidmethoden greifen, wie zum Beispiel Erhängen oder auch Erschießen, und Frauen eher zu „weichen" Suizidmethoden tendieren, wie z.B. die Vergiftung mittels Medikamenten. Warum das so ist, konnte bis jetzt nicht eindeutig geklärt werden. Vermutungen gehen in die Richtung, dass Männer eine eindeutigere Selbstmordabsicht haben, also vereinfacht gesagt: Sie wollen, dass es zu 100 % funktioniert.

In jedem Fall gehört der Suizid eines geliebten Menschen zu den traumatischsten Erlebnissen, die man sich vorstellen kann. Und ich habe diese Zeilen bewusst etwas härter formuliert, weil ich Ihre Aufmerksamkeit auf das Thema lenken wollte. Es wäre unverantwortlich von mir, dieses Thema komplett außen vor zu lassen.

Aber es ist auch nicht meine Absicht, Sie in Angst und Panik zu versetzen. Letztlich ist es so, dass nur ein relativ kleiner Teil der Depressionspatienten auch tatsächlich Suizid begeht. Daher: Schaffen Sie ein Bewusstsein für das Thema, lassen Sie sich aber auch nicht verrückt machen. Und ganz wichtig: Die Wahrscheinlichkeit, dass Patienten Suizid begehen, die ein stabiles und bemühtes soziales Umfeld (Angehörige) haben, ist noch geringer.

MEDIKAMENTE

Auch wenn ich mich wiederhole, so muss ich trotzdem auch hier darauf hinweisen, dass ich kein Arzt bin. Die genaue Wirkung von Medikamenten kann sehr individuell ausfallen und daher ist jede Darreichung mit einem Arzt zu besprechen bzw. die Medikation vom Arzt zu übernehmen. Was ich aber an dieser Stelle leisten kann ist, Ihnen einen groben Einblick zu geben, welche Rolle Medikamente spielen können und wie sie bei mir (und in vielen anderen mir bekannten Fällen) gewirkt haben.

Die meisten mittleren bis schweren Depressionen werden mit Medikamenten behandelt. Ich für meinen Teil war mein halbes Leben lang generell ein Gegner davon, bei jeder Kleinigkeit Medikamente zu nehmen. Ich versuche auch jetzt noch zu vermeiden, zu viele Medikamente zu nehmen. Da ich aber durch eine gute Medikation wieder voll ins Leben zurückkommen konnte, habe ich bezüglich Psychopharmaka mittlerweile eine andere Einstellung. Medikamente waren in meinem Fall wahrscheinlich die einzige Methode, um mich wieder in ein normales Leben zurückzuführen. Leider gibt es immer noch viele Missverständnisse, was Psychopharmaka (also Medikamente zur Behandlung von psychischen Erkrankungen) betrifft. Normale, heute gebräuchliche Antidepressiva verändern die Persönlichkeit nicht. Und zwar überhaupt nicht. Daher müssen Sie keine Angst haben.

Aber welche Psychopharmaka-Typen gibt es eigentlich zur Behandlung einer Depression?

a. Selektive Serotonin-Wiederaufnahmehemmer („SSRI“). Diese sind die am häufigsten verschriebenen Antidepressiva. Sie werden von den meisten Menschen gut vertragen.

b. Serotonin-Noradrenalin-Wiederaufnahme-hemmer. Diese werden oft dann verschrieben, wenn die „SSRI“ nicht die gewünschte Wirkung zeigen.

c. Trizyklische Antidepressiva. Diese haben gegenüber moderneren Antidepressiva stärkere Nebenwirkungen. Da sie blutdrucksenkend wirken, sind regelmäßige ärztliche Kontrollen erforderlich.

d. Noradrenerge und spezifisch serotonerge Antidepressiva. Diese sind relativ neu und vor allem hilfreich bei Angst- und bei Schlafstörungen. Sie können jedoch zur Gewichtszunahme führen.

e. Selektive Noradrenalin-Wiederaufnahmehemmer. Diese verursachen seltener Schläfrigkeit und Benommenheit, haben aber andere Nebenwirkungen wie zum Beispiel Schlafprobleme, vermehrtes Schwitzen, sexuelle Probleme und Steigerung der Herzfrequenz.

f. Benzodiazepine. Benzodiazepine wirken generell angstlösend, muskelentspannend, krampflösend, beruhigend und schlafanstoßend. Das angenehme bei Benzodiazepinen ist, dass Sie unmittelbar wirken und man nicht wie bei den anderen Psychopharmaka wochenlang auf das Einsetzen der Wirkung warten muss.

Aber Achtung: Bei Benzodiazepinen ist jedoch Vorsicht geboten. Im Gegensatz zu den Psychopharmaka a. bis e. machen Benzodiazepine sehr schnell abhängig. Ich hatte einen Mitpatienten, der aufgrund seiner Abhängigkeit von Benzodiazepinen rund 25 Tabletten pro Tag schluckte. Normalerweise wird dazu geraten, diesen Wirkstoff maximal vier Wochen lang zu nehmen. Ich persönlich habe Benzodiazepine, und das hat mir auch der Arzt geraten, nur in extremen Tiefphasen genommen, um die Zeit bis zur vollständigen Wirkung der laufenden

Psychopharmaka zu überstehen.

Wichtig zu wissen ist jedenfalls: Antidepressiva wirken nicht sofort! Und weil viele Medikamente erst nach zwei, drei oder oft auch erst nach sechs Wochen wirken, verlieren manche Patienten, aber auch Angehörige, den Glauben daran, dass ihnen die Medikation wirklich hilft.

Ich kann Ihnen aus eigener Erfahrung sagen: Ja, sie wirkt. Es gibt nur einen relativ geringen Anteil an Patienten, bei denen moderne Antidepressiva nicht oder nur relativ schwach wirken. Abgesehen davon sind während schwerer Depressionen auch Begleittherapien vonnöten, z.B. eine Psychotherapie.

Nehmen Sie mir Wiederholungen nicht übel: Es dauert einfach eine Zeit lang, bis sich die Wirkung eines Antidepressivums voll entfaltet. Es kann leicht sein, dass der Patient nach zwei bis drei Wochen noch immer keinerlei Wirkung bemerkt. Seien Sie geduldig. Vielleicht ist es auch notwendig, auf ein anderes Medikament zu wechseln. Die wichtigste Grundregel ist trotzdem: Der Patient (und auch Sie als Angehöriger oder Freund) muss geduldig bleiben.

So wie alle Medikamente, haben auch Antidepressiva Nebenwirkungen. Eine der häufigsten Nebenwirkungen ist eine meist relativ starke Müdigkeit. Ich kann Ihnen aber versichern: Diese Müdigkeit legt sich mit Fortdauer der Einnahme.

Es wäre unseriös, wenn ich Antidepressiva verherrlichen würde. Natürlich gibt es unterschiedliche Nebenwirkungen. Natürlich kann das Antidepressivum bei dem einen Menschen besser und bei einem anderen Menschen schlechter wirken. Außerdem wirken nicht alle Medikamente bei jedem gleich.

Ich schätze, dass ich im Laufe meiner Krankheit in

Krankenhäusern, aber auch im privaten Rahmen, gut 100 betroffene Personen besser kennengelernt haben, die mit leichten bis schweren Depressionen zu kämpfen hatten.

Jeder von ihnen hatte anfänglich mit einer starken Müdigkeit zu kämpfen. Bei keinem haben die Medikamente bereits nach ein bis zwei Wochen gewirkt. Aber bei jedem haben sie innerhalb der ersten sechs bis acht Wochen zumindest eine deutliche Verbesserung bewirkt.

In meinem Fall sage ich immer: Die Medikamente haben nicht meine Depression geheilt, aber sie haben meinen biochemischen Haushalt so stabilisiert, dass ich wieder die Kraft hatte, mein Leben selbst in die Hand zu nehmen. Und ich würde auch jedem Patienten raten, dass er nicht davon ausgehen soll, dass die Medikamenteneinnahme alleine wieder einen glücklichen Menschen aus ihm macht. Der Betroffene muss selbstverständlich- aufbauend auf die Medikation – auch selbst an seiner Genesung arbeiten.

Wichtig ist aber – meines Erachtens – dass man keine Angst vor der Medikation haben muss. Im Gegenteil! Die heutigen Psychopharmaka sind hochentwickelt und beeinträchtigen die Persönlichkeit eines Menschen überhaupt nicht. Insofern kann ich jedem Patienten mit einer schwerwiegenderen Depression nur dazu raten, sich medikamentös behandeln zu lassen. Es wird dem Betroffenen helfen, wieder in ein ganz normales Leben zurückzufinden.

EPILOG (WARUM DIE DEPRESSION EINE CHANCE IST)

Keine Depression ist wie die andere und deshalb müssen sich meine Erfahrungen nicht mit den Erlebnissen anderer decken. Was aber – bis auf wenige Ausnahmen – gilt ist, dass Depressionen in der Regel sehr gut behandelbar sind und in manchen Fällen auch ganz geheilt werden können. Was in jedem Fall machbar ist: Ein normales Leben zu führen. Depressionen verdammen in der Regel nicht dazu, ein Leben in Traurigkeit zu verbringen.

Ich würde sogar das Gegenteil annehmen: Depressionen sind manchmal auch eine Chance, sein Leben neu zu ordnen. Denn in den meisten Fällen gibt es sehr wohl externe Faktoren, die maßgeblich zur Erkrankung beisteuern.

Sei es der falsche Job, das falsche Umfeld oder andere Lebensumstände, die einen Menschen unglücklich machen. Eine Depression kann der entscheidende Anstoß sein, um reinen Tisch zu machen und den Weg einzuschlagen, der einem guttut. Das habe ich bei mir, aber auch bei vielen ehemaligen Mitpatienten erlebt. Viele wurden durch die Depression erst zu dem Menschen, der sie immer sein wollten.

Als Angehöriger können Sie den Prozess vom Beginn der Erkrankung bis zur Heilung oder dem Ende der depressiven Episode ganz wesentlich mitgestalten. Dass dies nicht immer einfach ist, habe ich auf den vorhergehenden Seiten hinlänglich erläutert. Es ist aber auch nicht so schwierig.

All das, was ich vorhin im Detail erläutert habe, kann man in wenigen Sätzen zusammenzufassen. Gehen Sie im Umgang mit dem Patienten behutsam vor, unterstützen Sie den Patienten dabei, sich an die therapeutischen und medizinischen Vorgaben zu halten, üben Sie sich in Geduld, lassen Sie die Zeit für sich arbeiten und vergessen Sie keinesfalls auf sich selbst.

Besonders der letzte Punkt ist von außerordentlicher Wichtigkeit. Wenn Sie sich in die Abwärtsspirale mit hineinziehen lassen und nur mehr für den Patienten da sind, verlieren Sie Ihre Kraft. Und weil die Sorge um den Betroffenen so groß ist, bemerken Sie gar nicht mehr, wie es Ihnen geht.

Und wenn es für Sie schwierig ist, sich selbst Spaß und Freude zu bereiten, dann nutzen Sie einen kleinen Trick. Je mehr Kraft Sie haben desto besser können Sie den Betroffenen unterstützen. Und Energie tankt man eben, indem man Dinge macht, die einem guttun. Ab und zu lachen und Freude zu haben ist während der Depression eines Angehörigen nicht nur erlaubt, sondern sogar eine Notwendigkeit. Denken Sie wirklich, dass Ihr Angehöriger sich wünscht, dass Sie aufgrund seiner Erkrankung leiden? Ich kann Ihnen diese Frage beantworten: Nein! Denn die meisten depressiven Menschen machen sich sehr wohl viele Gedanken darüber, wie es ihren Mitmenschen – vor allem jenen, die Ihnen am nächsten stehen – geht.

Wenn Sie sich also kaputt machen und der Patient das bemerkt, dann haben Sie das Gegenteil von dem erreicht, was Sie erreichen wollten. Ihr Angehöriger wird dann noch mehr Schuldgefühle haben, als er ohnehin schon hat.

Also vergessen Sie trotz der Erkrankung nicht darauf, das Leben zwischendurch auch zu genießen. Auch wenn die Krankheit sehr kräfteraubend und sowohl für den Patienten als auch für sein Umfeld eine große Belastung ist, sollten Sie trotzdem nicht darauf vergessen, dass es sich nicht um eine tödlich verlaufende Krankheit handelt. Ein Mensch, der dem Tod geweiht ist, hat allen Grund dazu, jegliche Hoffnung zu verlieren. Im Falle Ihres Angehörigen gibt es nicht nur Hoffnung, sondern es ist fast zu 100% sicher, dass es ihm wieder besser gehen wird.

Ich möchte Ihnen zum Abschluss dieses Buches eine Anekdote mitgeben, die Ihnen hoffentlich auch ein wenig Kraft geben wird. Es war während meiner ersten depressiven Episode. Der erste Arzttermin. Ich saß im Arztzimmer, zusammengesunken wie ein Häufchen Elend. Zaghaft erläuterte ich meine Situation und zum Ende meiner Ausführungen nahm ich noch meinen ganzen Mut zusammen und fragte meinen Psychiater: „Herr Doktor, denken Sie, dass ich wieder gesund werde und wieder lachen kann? Ich habe nämlich keine Hoffnung, dass ich das jemals wieder schaffen werde!“.

Der Arzt sah mich völlig entspannt an (was auf mich sehr beruhigend wirkte) und hatte ein weiches Lächeln im Gesicht. Dann sagte er fast beiläufig: „Wissen Sie, ich könnte jetzt mit Ihnen eine Wette eingehen. Wir könnten um eine Eigentumswohnung wetten, dass Sie wieder gesund werden. Aber das wäre sehr unfair. Denn Sie glauben als Patient, dass Sie sich nie weder gut fühlen werden und nie wieder lachen werden können. Ich als Arzt mit vielen Jahrzehnten Erfahrung aber weiß, dass Sie mit Sicherheit in ein paar Wochen oder Monaten wieder ganz der Alte sind!“

Auch wenn im Moment nicht nur für Ihren Angehörigen, sondern auch für Sie die Sonne nicht scheint, so bin auch ich – ebenso wie damals mein Arzt – überzeugt davon, dass Sie die Situation sehr gut meistern werden. Sie haben – mit dem Kauf dieses Buches – ja schon bewiesen, dass Sie bereit sind, die

Herausforderung anzunehmen.

Ich wünsche Ihnen alles erdenklich Gute und viel Kraft für die kommende Zeit und vergessen Sie nie darauf: Sie haben – trotz der Erkrankung Ihres Angehörigen – das Recht auf Freude. Selbst in den vermeintlich dunklen Stunden. Und vielleicht sind diese dunklen Stunden erst der Beginn des Weges Ihres geliebten Menschen in ein Leben, das viel glücklicher ist, als es zuvor war.

Das Geheimnis des Glücks liegt nicht im Besitz, sondern im Geben. Wer andere glücklich macht, wird glücklich.
(André Gide)

Impressum:

Am Anger 2a
A-7111 Parndorf
Österreich
Verlag: Self-Publishing via Amazon Kindle
ISBN: 9781670299574
Erscheinungsdatum: 07.12.2019

Printed in Poland
by Amazon Fulfillment
Poland Sp. z o.o., Wrocław

75122867R00068